讀故事，
一起把壞性格魔王打敗！

你的孩子「其實不壞」

陳盈如，陳添富 編著

孩子的問題不只你家有，其他家也有；想不到辦法，參考別人的也可以！
大的小的一起聽故事，所有問題都不再是難題！

目錄

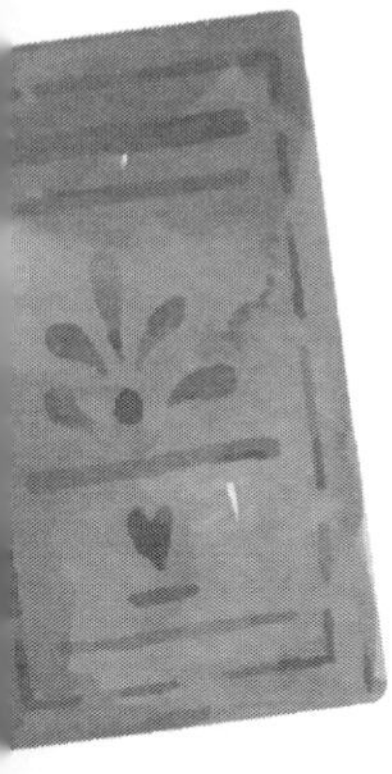

前言

「蹲下身來」在孩子的高度去看外界事物，你才會真正讀懂孩子並找到最有效的教子方法。

人們常說性格決定一個人的命運，那麼下面我們還是老生常談地揭開性格的密碼，揭開性格是一個動詞的祕密。

我們都知道「播種一種思想，收穫一種行為；播種一種行為，收穫一種習慣；播種一種習慣，收穫一種性格；播種一種性格，收穫一種命運。」這就是性格密碼，其實很簡單，思想、行為、習慣、性格、命運就像五環，環環相扣。這也是我們優化性格的密碼。或許你現在已經被性格的五環給搞混了，不過你要是看了下面這個故事，或許你就不會那麼困惑了。

1978 年，75 位諾貝爾獎獲獎者在巴黎聚會。有人問其中一位獲獎者：「你在哪所大學，在哪所實驗室裡學到了你認為最重要的東西呢？」

出人意料，這位白髮蒼蒼的學者回答說：「是在幼兒園。」

他人又問：「在幼兒園裡學到了什麼呢？」

學者說：「把自己的東西分一半給朋友們，不是自己的東西不要拿，東西要放整齊，飯前要洗手，午餐後要休息，做了錯事要表示歉意，學習要多思考，要仔細觀察大自然。」

這位學者的回答，代表了與會科學家的普遍看法。他們認為終生所學到的最主要的東西，是幼兒園老師給他們培養的良好習慣。

現在已經豁然開朗了吧，在孩子幼年的時候，播種下一種思想，收穫的行為，養成的習慣，形成的性格，決定了他們的命運，這就是性格五環的神祕與力量。

前言

在孩子幼年的時候，播種下什麼思想，就會收穫什麼命運，特別是在孩子性格尚未成型的時候，給孩子播種下好的思想，會使孩子受用一生。或許你會問思想源自於哪裡，什麼樣的思想才是一種好的思想呢？那就是優秀的故事！每個故事都蘊涵著思想，一個優秀的故事是向孩子傳授好思想的最好的管道之一。

本書在為家長們列舉了 10 多種需要優化的性格外，還彙集了凝聚中西方文化精髓的近 200 個故事，結合編者自身故事的運用，讓家長們從故事中給孩子播種思想，優化性格，創造命運。

第一章
改變命運從優化性格開始

每一個父母都在為孩子的未來、命運深謀遠慮，希望孩子的明天會更好。未來無論對於誰都是一座空中花園，很多家長總是一味地去描繪著未來的藍圖，卻忘記了眼前最要緊的事就是優化孩子的性格，因為性格決定命運，越早優化，孩子就越容易形成良好的性格。

為性格安裝一個優化軟體

「我這破電腦，慢得跟烏龜一樣，真想把它給砸了……」「是你的設配太舊了吧？」「沒有，電腦剛買幾個月，設配都是不錯的。」「那你用 Windows 優化軟體，整理一下你的磁碟碎片，釋放一下你的記憶體空間，優化一下你的開機速度……」「是不是感覺快多了？」「是的，原來優化可以讓電腦改變被埋怨的命運。」

性格真的能決定命運嗎？

從前，三位兄弟想知道自己的命運，於是他們便去找智者，智者聽了他們的來意後說：「在遙遠的天竺大國寺裡，有一顆價值連城的夜明珠，如果叫你們去取，你們會怎麼做呢？」

大哥首先說：「我生性淡泊，夜明珠在我眼裡只不過是一顆普通的珠子，所以我不會前往。」

二弟挺著胸脯說：「不管有多大的艱難險阻，我一定把夜明珠取回來。」

三弟則愁眉苦臉地說：「去天竺國路途遙遠，諸多風險，恐怕還沒取到夜明珠，人就沒命了。」

聽完他們的回答，智者微笑著說：「你們的命運很明瞭了。大哥生性淡泊，不求名利，將來自難以榮華富貴。但也正由於自己的淡泊，他會在無形中得到許多人的幫助和照顧。二弟性格堅定果斷，意志剛強，不懼困難，因此你將前途無量，也許會成大器。三弟性格懦弱膽怯，遇事猶豫不決，恐怕你命中注定難成大事。」

性格是一個複雜的複合體，沒有絕對的完美。性格就像是天然的璞玉，關鍵在於打磨；性格是生命的圓鏡，拂去塵土，本身就是光明；性格是深山老林的沉香，一經開採，必將散發出迷人的芳香……而打磨、拂塵、開發……一項項艱巨的工程，如果靠人工去運作是很難完成的，它 —— 性格優化軟體，可以實現。只要我們能在孩子性格尚未定型的時候給孩子安裝一個優化軟體，孩子的性格就會得以優化。

倘若孩子的性格孤僻，只要你輕輕一按性格優化軟體的故事鍵，這樣一個故事就會給孩子的性格給予優化。

這是一個發生在奧地利的真實故事：

羅莎琳是一個性格孤僻、膽小羞澀的 13 歲少女。很小的時候，她的父親就去世了。母親索非婭在一家清潔公司工作，靠微薄的薪資把羅莎琳一手撫養大。因為家境的貧困，羅莎琳常常受到別人的歧視和欺辱，這些都給她幼小的心靈種下了濃重的陰影。久而久之，她對母親開始心生怨恨，認為正是母親的卑微才使她遭受如此多的苦難。

2002 年 2 月下旬的一天，索非婭由於工作出色而被允許休假一週。為了緩和母女之間的關係，索非婭決定帶女兒去阿爾卑斯山滑雪。但不幸降臨了，她們在雪地裡迷了路，對雪地環境缺乏經驗的母女倆驚慌失措。她們一邊滑雪一邊大聲呼救，沒想到，呼喊聲引起了一連串的雪崩，大雪把母女倆埋了起來。出於求生的本能，母女倆不停地刨著雪，歷經艱辛終於爬出了厚厚的雪堆。母女倆挽著手在雪地裡漫無目的地尋找著出路。

突然，索非婭看見了救援的直升機，但由於母女倆穿的都是與雪的顏色相近的銀灰色羽絨衣，救援人員並沒有發現她們……

第一章　改變命運從優化性格開始

當羅莎琳醒來時，發現自己正躺在醫院的床上，而母親索非婭卻不幸去世了。醫生告訴羅莎琳，真正救她的是母親。索非婭用岩石割斷了自己的動脈，然後在雪地上留下了十幾米的血跡，目的是想讓救援的直升機能從空中發現她們的位置，也正是雪地上那道鮮紅的長長的血跡引起了救援人員的注意。

很多人或許不解，為什麼性格優化軟體給出這樣一個故事來優化孤僻的性格，都以為系統出錯了。但是沒有錯，因為它是為了讓孩子先明白什麼是孤僻，孤僻的性格會造成什麼樣的後果，從而在心理上讓孩子學會去改變孤僻的性格。

那麼到底什麼樣的性格需要優化呢？主要有以下幾種：

1. 自卑自輕的性格。
2. 自大魯莽的性格。
3. 自閉孤僻的性格。
4. 急躁輕浮的性格。
5. 驚慌衝動的性格。
6. 粗心大意的性格。
7. 懦弱善變的性格。
8. 優柔寡斷的性格。
9. 耿直忠厚的性格。
10. 敏感猜疑的性格。
11. 完美求全的性格。
12. 個性叛逆的性格。
13. 刁鑽狹隘的性格。

小叮嚀

將以上 13 種性格優化為以下性格：

1. 自信剛毅的性格；
2. 謙虛謹慎的性格；
3. 開朗樂觀的性格：
4. 平和穩重的性格；
5. 鎮定冷靜的性格；
6. 認真仔細的性格；
7. 堅強執著的性格；
8. 果敢決斷的性格；
9. 靈活機智的性格；
10. 信任堅定的性格；
11. 釋然坦蕩的性格；
12. 乖巧溫順的性格；
13. 豁達寬容的性格，

從「習慣、性格、命運」說起

我們都知道「播種一種思想，收穫一種行為；播種一種行為，收穫一種習慣；播種一種習慣，收穫一種性格；播種一種性格，收穫一種命運。」這就是性格與命運的關係，我們從它們的關係中，可以發現，其實每一種命運都源自性格，每一種性格都源自一種習慣，每一種習慣都源自一種行為，每一種行為都源自一種思想。它告訴我們什麼呢？

告訴我們性格是可以重塑的。我們的思想常常被一句古諺「江山易改，本性難移」束縛著，總以為性格不可以改變，但是古諺不過也是說本性難移，而不是說不可以移，那怎樣才能優化性格呢？

21天，播種21天，堅持21天，就可以收穫一種良好的性格。

女兒在5歲時就養成了一種壞習慣，因為那年我常年出差，所以在女兒形成這種習慣前沒有做到防微杜漸。女兒的壞習慣就是有事沒事總把手指放進嘴裡吸，妻子說，天天都告訴她不要把手放進嘴裡，那樣不衛生，但女兒還是不聽，甚至有幾次，妻子還打了她的手，但還是改不了。為此妻子很苦惱，我出差回到家，就跟我講起了女兒的這個壞習慣。

於是我來到女兒的跟前，的確，女兒已經把含手指當成了一種習慣。於是我就問女兒：「佳佳，含手指是誰教你的？」

女兒自豪地說：「沒有人教，自己學會的。」

「那你教教我吧！」我請求女兒收我做徒弟，女兒聽了以後用詫異的眼神看著我，因為家裡的人一直都反對她含手指，而爸爸一回到家就要學含手指。於是她邊說，邊把我的手指往我嘴裡送。

「完了，完了……」我皺起眉頭說。

女兒一臉疑問地看著我：「爸爸，怎麼了？」

「我剛才上廁所忘洗手了。」於是我假裝趕緊去漱口。女兒便哄堂大笑起來。

漱完口我摸摸女兒的頭：「佳佳，你不會常常像爸爸這樣吧？」

女兒說：「絕對沒有，我每次上完廁所都會記得洗手的，這是我的習慣。」

「上完廁所洗手，是一個好習慣，但是含手指卻不是一個好習慣，因為手指裡含有很多細菌，含手指會導致細菌感染，會肚子痛生病的。」

「你也和他們一樣，不讓我含手指。不想理你們了。」女兒生氣地說道。

我見這樣實在是勸不了女兒，於是便和她講了一個故事：

資產上億的俞老師，他一路走來的艱辛之路，都靠著這樣一個從父親身上學來的習慣所成就的。他在他的日誌裡這樣寫道：

「小時候我父親做的一件事情到今天還讓我記憶猶新。父親是個木工，常幫別人蓋房子，每次蓋完房子，他都會把別人廢棄不要的碎磚亂瓦撿回來，或一塊兩塊，或三塊五塊。有時候在路上走，看見路邊有磚頭或石塊，他也會撿起來放在籃子裡帶回家。久而久之，我家院子裡多出了一個亂七八糟的磚頭碎瓦堆。我搞不清這一堆東西的用處，只覺得本來就小的院子被父親占滿了。直到有一天，我父親在院子一角的小空地上開始左右測量，開溝挖槽，和泥砌牆，用那堆亂磚左拼右湊，一間四四方方的小房子居然拔地而起，乾淨漂亮地磚和院子形成了一個和諧的整體。父親把本來養在露天到處亂跑的豬和羊趕進小房子，再把院子打掃乾淨，我家就有了全村人都羨慕的院子和豬舍。」

因為父親的一天拾幾塊磚，最後蓋成房子的習慣，也讓俞老師形成了讓他成就企業的性格。

俞老師說：「應該說我個人的性格起了很大作用。第一，我性格中有些堅忍不拔的成分，做事情非要把事情做得相對好。比如我考大學，第一年沒考上接著第二年再考，第二年又沒考上，第三年再考；在大學當老師一當就當了六年半，今年是第七年。總體來說，性格裡還是有一種堅韌性，不會隨便放棄。」

「第二，我比較有上進心。不是說絕對要得第一名，而是自己有進步心態，比較善於學習。從小學到高中再到大學，我都沒有得過全班前 20 名，但還是堅持在學習，而且別人大學都畢業了、工作了，我還是邊工作邊學習。由於有這樣的上進心，最後潛移默化做成了事情。」

「第三點，我比較有耐心和寬容度，這一點在企業工作後看出好處了，因為一群人在一起總有各種各樣的摩擦，各種各樣的鬥爭，也會有各種各樣的傷害。我能容得下的話，就不太容易把事情弄到極端，就很容易讓大家重歸於好。」

「俞老師父親為他播種了一種思想，他收穫了一種行為，最後形成了一種堅韌、執著的性格，最後改變了他的命運，這就是俞老師的成功之道。」我跟女兒說。我知道她大概聽不懂我在說什麼，於是我再問了問她，「你想成為像俞老師那樣的人嗎？」

「想！」

「想就要改變你的含手指的習慣，否則你以後形成了一種性格，它就會毀掉你。」於是我便嚇了嚇女兒。

「媽媽那時說我的時候，我就想改了，可是改也改不了。」女兒自責道。

「給你 21 天好嗎？三個星期，不到一個月，你就可以養成一種好習慣。」我問女兒。

「好的。」

於是在後來的 21 天裡，我天天陪在女兒的身旁，當她想含手指的時候，我總是握著她的手跟她聊天。但是沒有想到的是，在短短 5 天後，女兒便把含手指的壞習慣改掉了。

備選故事任你挑

我們都知道每一種性格，都像是一片樹葉，有著它的正反面，有時候孤僻的性格、自卑的性格也的確有一定的優點。但是我們更明白一個忍讓謙和的人，一個自信豁達的人，一個勇敢果斷的人，一個有自知的人，一個自立自強的人，無論走到哪裡都會受人歡迎。凡是與這種人交往，也都會覺得親切愉快。如果你的孩子是一個過於內向的人，我們為何不用外向的性格優化孩子呢？讓孩子成為一個內外兼優的人，那樣不就更完美了嗎？

性格始終在牽著命運的手

或許是因為家庭因素的影響，我朋友的兒子小川，和他的爸爸一樣性子太直，常常因為不懂得委婉言語、靈活行事而得罪幼兒園裡的小朋友。小朋友們都不喜歡與小川玩。小川進幼兒園已一年多了，可是還沒有交上一個好朋友。因為班上小朋友不願與他玩，因此小川最近總是不肯去上幼兒園。為此小川的爸爸不僅僅是苦惱，而且還常常對孩子發脾氣，時常把小川放到幼兒園裡就不管他了。小川的媽媽對此也束手無策，於是便透過我的妻子詢問我有沒有好的解決方法。

第二天我便打電話給朋友，說為什麼孩子出了這麼大的問題都不好好引導。朋友說，他感覺孩子沒有錯，所以相信孩子終有一天會被接受的。

「現在不是孩子錯不錯的問題，孩子現在已經有厭學情緒了，你現在應該好好調整一下孩子的心態。」

「我何嘗不想，但是我想盡了辦法都不知道該如何是好？」我的朋友訴著苦。

「孩子的性格需要優化一下，耿直的性格固然沒有錯，但是容易得罪人，現在孩子還小，性格還有很大的可塑性。你可以嘗試用故事來優化孩子。」我向朋友解釋說。

「那你就教我幾招吧。」

「不管是你還是孩子，都應該好好回味一下這個故事」。

一個報憂，一個報喜，結果不一樣：報憂的烏鴉被稱為凶鳥，人們厭惡牠，甚至恨之入骨，千方百計地追來圍剿牠，而喜鵲卻得到吉祥鳥的稱謂，備受人們喜愛和青睞。

一天，在一棵大樹上，烏鴉與喜鵲展開了辯論。烏鴉說：「喜鵲你整天站在人家門口叫喳喳，說什麼有喜了有喜了，其實都是胡說八道，沒有一句是真的，你用好聽的假話矇騙人，沒想到人類的智商那麼低，心甘情願上你的當，把你當成吉祥鳥，真是天大的笑話。」

喜鵲說：「烏鴉，我知道你說的是實話，你的嗅覺極靈敏，當病人快死了的時候，其身體會發出特殊的味道，只有你嗅得到，我們喜鵲卻聞不到。你根據你的經驗判斷向人家報喪，這當然是一種實話實說，是善意提醒，可是你知道，人是愛聽好話不愛聽壞話的動物，你說好話，即使是假的，他們也愛聽，你說的是不中聽的話，即使是真話也沒人愛聽。這是千古不變的真理。」

「你胡說、狡辯、無聊、強詞奪理。」烏鴉聽了喜鵲的話生氣地反駁著。喜鵲當然不甘示弱，說：「你充英雄關心別人，可是你連自身都難保，豈不可悲。」

這時，樹下一個拿槍的人聽到了烏鴉和喜鵲的叫聲。那人抬頭一看，說了聲：「晦氣的烏鴉。」於是拿槍瞄準烏鴉。一聲槍響之後，烏鴉翻身掉在了地上，而喜鵲展翅飛向高空。

「性格和命運就像一對執子之手，與子偕老的情侶，他們的手始終是相牽的。凡事都有一體兩面，一種良好的性格就像一把雙面刃，必須得兩面都磨得鋒利才是一把好劍。你自己直性子碰的壁已經夠多了，所以不要讓孩子重蹈覆轍了，好好優化孩子的性格。」朋友應了聲，便有些不好意思地掛了電話。

讓孩子成為惹人愛的春天

看到過網友在 FB 裡這樣留言：「我的孩子珍珍是一個在家活潑好動，在外有點膽怯，需要家人鼓勵才敢表達自己意願的孩子，在幼兒園裡，屬於乖巧的孩子，從來就不惹事，但是大家都知道在幼兒園裡往往都是『哭的孩子才有奶吃』。她現在入園兩週了，但是由於她溫和的性格，並沒有得到老師們的關心。現在不知道該如何是好？是不是應該將孩子的性格變得更為活潑一些？但是又不想讓孩子成為一個調皮的孩子。現在好煩惱。」

我還是為那位煩惱的母親回覆了這樣一個故事：

春夏秋冬，四季輪換交替，這是千古不變的規律。儘管如此，四季之間的紛爭和糾葛也從不停息。

春天到了，冬天不情願退讓，它還在耍威風，擺架子。它時而鼓動風，颼颼地吹散回暖的溫度。時而唆使雲，密密地遮擋和煦的陽光。冬天的個性就這麼固執，不讓人們輕易忘記它的嚴寒。

春天不跟冬天較勁，因為，春天知道，萬物復甦的力量勢不可擋，冬天再怎麼堅持，也只能苟延幾天。所以，任憑冬天大發其威，春天依然微笑著和它相處，在相安無事中與它道別。

夏天個性霸道，儘管還不到輪換的時間，它就早早地登場了。春天也不跟夏天較勁。因為春天知道，夏天一向不守四季的規矩。夏天不但搶占春季的時間，也侵占秋季的地盤。

春季個性隨和，因為它最自信。在廣袤的大地，表面上，冬天嚴寒肆虐，夏天酷暑橫行。可是，春天知道，人們在心裡總是向著春天，並且採取很多辦法對付冬天和夏天。還在寒冷的冬日，爐火、暖氣就已經烘托出春天的溫柔了。到了夏天，人們又搭起涼棚，使用冷氣。涼棚和冷氣又把春天的愜意送到家家戶戶。

春天隨和，與世無爭。因此，春天備受歡迎和呵護，春天無時不在，無處不在。

從長遠的角度來看，孩子的溫和的性格是很好的，但是卻也不能過於溫和，要像春天一樣，隨和而自信，能給老師們帶來溫暖，更要能盛開自信之花，只有萬紫千紅才算是春天。珍珍的溫和的性格是無須再做調整，只是要讓孩子自信一些就好了。

只要你願意，命運就可以改變

女兒和隔壁鄰居的小范同學在客廳裡背《三字經》當女兒背到「竇燕山，有義方，教五子，名俱揚」的時候，小范說：「我聽我們老師說，竇燕山是個壞蛋，經常欺壓百姓，他不是好人，《三字經》在騙人。」

「《三字經》是優良傳統讀物，是不會胡說的，只是你們老師騙人而已。」女兒反駁道。

「我們老師是不會騙人的，我昨天在課堂上親耳聽他說的。」小范不甘心地說。

女兒便拉著小范拿著《三字經》來到我的書房，「爸爸，竇燕山是不是壞蛋？如果是壞蛋，為什麼《三字經》還說他的好呢？」

於是我便和孩子們講了竇燕山的故事：

竇燕山，他原來叫竇禹鈞，是五代後晉時期的人，他的老家在薊州漁陽。過去，漁陽屬古代的燕國，地處燕山一帶，因此，後人褒揚他的功績，稱竇禹鈞為竇燕山。

竇燕山出生於富裕的家庭，是當地有名的富戶。據說：竇燕山為人不好。以勢壓貧，有貧苦人家借他家糧食時，他是小斗出，大斗進，小秤出，大秤進，明瞞暗騙，昧心行事。由於他做事缺德，所以到了 30 歲，還沒有子女。竇燕山也為此著急，一天晚上做夢，他死去的父親對他說：

「你心術不好，品德不端，惡名昭著，如不痛改前非，重新做人，不僅一輩子沒有兒子，也會短命。你要趕快改過從善，大積陰德，只有這樣，才能挽回天意，改過呈祥。」

竇燕山從夢中驚醒，嘴裡還說：「我真的能改過呈祥嗎？」腦海裡又一個聲音告訴他「只要你願意命運就可以改變。」

從此，竇燕山暗下決心，痛改前非，缺德的事再也不做了。

一天，他在客棧中撿到一袋銀子。為找到失主，他在客棧裡整整等了一天。失主回到客棧尋找，他原封不動地將一袋銀子歸還給失主。

竇燕山還在家裡辦起了私塾，恭請名師教課。有的人家因為沒有錢送孩子到私塾讀書，他就主動把孩子接來，免收學費。總之，自那以後，竇燕山就像是換了一個人似的，周濟貧寒，廣行方便，大積陰德，廣泛受到人們的稱讚。

後來他的妻子連續生下了五個兒子。他把全部精力用在培養教育兒子身上，不僅時刻注意他們的身體，還注重他們的學習和品德修養。

在他的培養教育下，五個兒子都成為有用之才，先後登科及第：長子中進士，授翰林學士，曾任禮部尚書；次子中進士，授翰林學士，曾任禮部侍郎；三子曾任補闕；四子中進士，授翰林學士，曾任諫議大夫；五子曾任起居郎。當時人們稱竇氏五龍。所以《三字經》裡說「竇燕山，有義方，教五子，名俱揚」。

小范撓了撓頭，說「那為什麼我們老師說竇燕山是個壞蛋呢？」

「竇燕山，以前是個壞蛋，老師可能只說到前面，或許你沒有認真聽到後面的故事，所以你就覺得他是一個十惡不赦的壞蛋。孩子，記住，無論是命運還是性格，只要你願意，就一定能夠改變。竇燕山的故事就是為了告訴我們，命運是掌握在我們自己手裡的。」我撫摸著他們倆的頭說。

優化性格也在優化命運

聽一位作家朋友跟我說過幾個小故事，沒想到竟然也用到了養兒育女上了。

女兒的性格暴躁，是從她讀二年級的時候，她們班新學期來了一個從貴族學校轉學進來的學生，女兒說，她是校長的外孫女，學業成績一般，但是在選班長的時候，一直做班長的女兒的得票數竟然比那個女孩少了十多票。在大家都不知那個女孩的學習情況時，都把票投給她，女兒輸得很不服氣，所以竟然連副班長的職位也拒絕了。回到家也沒有跟我說起過，後來老師打電話來說，女兒最近在學校的狀況很不好，可能是因為班長落選而造成的，聽到老師的電話後，我才發現，女兒最近真的有點不對勁，脾氣也變得很大。於是在接她回家的時候，和她講了朋友和我講的故事：

一家雜誌社認識兩個女孩。

小王大學畢業，文章寫得不錯卻沒機會當記者，行政工作一做就是好幾年，每月拿著基本薪資，情緒變得極壞，整天沒有好臉色，整個人像一隻刺蝟，所有的人都離她遠遠的，當然不會有人追她。

和小王一起做行政的小高是市長的千金，同樣大學畢業的她對人溫柔可親笑臉迎人，可能是路走得太順了，她從來不曾有什麼不滿情緒。很多人看到一個市長女兒既不驕傲，又能誠實待人、懂事禮貌，反而加倍誇她。她三個月就轉正職，博士畢業的才子來公司不久便愛上了她，半年後就結婚，一年後她就做了主任，現在已當上了副總編，而她剛剛才滿二十七歲。

「知道嗎？佳佳，這是一個真實的故事，兩種不同的性格造就兩種不同的命運，小王完全可以走到副總編的位置上，為什麼沒有呢？因為她只會一味地去抱怨自己的命運。而沒有去改善自己的情緒，改善自己的行為，最後形成了一種急躁的性格，將自己的才華埋沒了。如果你不甘心現在的結果，你就應該拿出自己優秀的一面去證明給別人看。」女兒聽了我的話，羞紅了臉。

見女兒沒有說話，於是我便又和女兒講了這樣一個故事：

香港金利來公司曾經和一家報社聯合舉辦一次活動。獎品是金利來領帶。

一個姓羅的記者，因為剛到報社，所以只被派到負責派送領帶的任務，但是她毫無怨言，認認真真地按照報社的安排把任務完成。

活動結束後，羅記者把剩下的三條領帶原封不動地交還給了金利來公司。這件小事卻讓金利來公司的曾總裁感動不已。

幾年後，金利來公司全面進入海外市場，要組建一個分公司。在招聘經理時，曾先生想到了羅記者。於是後來羅記者成了分公司的經理。

「無論做什麼，即便工作再卑微，也要認真地把工作做好，這樣你才能去超越別人，才不會被人看不起。落選沒有關係，只要你自己的心不要落後了就好了。」女兒聽後，便向我道歉說：「爸爸，我不是故意要瞞你們的，而是我不服氣，所以我才放棄的。」

「我知道，沒事的，只要你不像小王一樣自暴自棄就行了。放棄什麼都行，就是不要放棄了自己。」

「我會做得更好的，你相信我嗎？爸爸！」

「我相信你一定還會重返班長的寶座的，只要你好好努力，克服急躁的脾氣，沉著應戰。」女兒聽後，便樂觀地笑了起來。

給家長的悄悄話

我朋友的兒子小傑今年上三年級，學業成績一直名列前茅，一直都是家人的驕傲，但是小傑性格過於內向，平時很少說話，而且身邊的朋友也很少。為此，我朋友也感到很煩惱，因為小傑的性格會成為未來發展的絆腳石，因此，我朋友堅持不懈地為改變兒子的性格做著努力。比如：常常帶小傑出席各種聚會，報名參加夏令營或演講比賽的活動等。然而，這樣高強度的「訓練」並沒有使小傑的性格變得開朗，話反而更少了。於是朋友打電話詢問我是否有什麼良策。

聽了朋友的一番詳述後，我跟朋友說：「小傑的性格過於內向了，性格優化需要一段過程，而且必須循序漸進，你一下子給孩子太多高強度的活動，孩子性格內向很難一下子調整過來，這樣的話，會導致壓力更大，在各種活動後，孩子一次次地碰壁會讓孩子的話更少，性格更內向。你或許聽過這樣一個故事。」

固執人、粗心怪、懶惰者和機靈鬼四個人，結伴出遊。結果在沙漠中迷了路。這時，他們身上帶的水已經喝光。正當四人面臨死亡威脅時，上帝給了他們四個杯子，並為他們祈來了一場雨。但這四個杯子中，有一個是沒有底部的，有兩個盛了半杯髒水。只有一個杯子，是拿來就能用的。

固執人得到的，是那個拿來就能用的好杯子。但他當時已經絕望之極，因此固執地認為：即使喝了水，他們也走不出沙漠。所以下雨的時候，他乾脆把杯子口朝下，拒絕接水。粗心大怪得到的，是沒有底部的壞杯子。由於他做事太粗心，根本就沒有發現自己杯子的缺陷。結果，下雨的時候，杯子成了漏斗。最終一滴水也沒有接到。懶惰者拿到的是一個盛有髒水的杯子，但他懶得將髒水倒掉，下雨時繼續用它接水，雖然很快接滿了，可是他把這杯被汙染的水喝下後卻得了病，不久便不治而亡了。機靈鬼得到的也是一個盛有髒水的杯子，他首先將髒水倒掉，重新接了一杯乾淨的雨水。最後，只有他自己平安地走出了沙漠。

「在這個故事裡，你覺得至少有幾個人能走出沙漠？」

「4 個。」朋友很快就反應過來。

「是的，4 個人，但是現在只有一個人。一個固執者，你想去改變他的觀念，對於你來說是很難的，但是你可以鼓勵他，讓他心中有能走出沙漠的信念，然後憑藉著他的執著完全是可以走出沙漠的。而粗心大意呢？發現杯子壞的時候，便可以向固執者索取一些。懶惰者也可以學機靈鬼。這樣四個人都可以走出沙漠。從優化性格後的命運，你發現了什麼嗎？」我反問朋友。

「他們只需要一點點的優化即可改變命運。」

「是的，小傑的問題其實也很簡單，內向的性格其實也沒有什麼不好的，也一樣可以成就一番事業，像梵谷、貝多芬、海明威等都是性格內向的人。但你不能一下子就讓孩子變成外向型的人，因為你很難去改變，但是你可以讓孩子的性格內外兼有，這樣孩子就會得到一個最優化的性格『配置』。」

其實像小傑這樣的問題也是很多家長所關心的，到底什麼樣的性格才是最優化的呢？

- 如果你的孩子是一個自信的人，那麼你應該注意不要讓孩子過於自信，進而轉向剛愎自用，這樣會上演楚霸王項羽的悲劇。
- 如果你的孩子是一個謙虛的人，那麼你應該注意不要讓孩子過於謙虛，不然會導致一種虛偽，過於謙虛會使孩子身上的優點很難被人發現，這樣會使孩子成為深埋地下的一塊金子，即使會發光發亮也很難被人發現。

- 如果你的孩子是一個樂觀的人，那麼你應該注意不要讓孩子過於樂觀，因為過於樂觀就會讓孩子看不到危機，一旦危機真的降臨時，往往會使孩子受到沉重的打擊而一蹶不振。
- 如果你的孩子是一個理智的人，那麼你應該注意不要讓孩子過於理智，不要把所有的問題都想得清清楚楚才去做，這樣在困難面前就會難以去跨越。有時候，人生也需要一種糊塗的哲學。
- 如果你的孩子是一個沉著的人，那麼你應該注意不讓孩子無論遇到什麼問題都冷靜對待，有時候，有些事會很快擦肩而過，太冷靜了就會錯過機會。
- 如果你的孩子是一個認真的人，那麼你就應該告訴孩子，有些事，沒必要這樣過度認真，到最後還是兩手空空。
- 如果你的孩子是一個執著的人，那麼你應該告知孩子，有時候該出手時就出手，該放手時就放手，過於執著，就會形成一種痴迷。
- 如果你的孩子是一個耿直的人，那麼你應該注意讓孩子不要做什麼事都直來直往，有些事，也要注意轉轉彎，婉轉一點。
- 如果你的孩子是一個追求完美的人，那麼你應該告訴孩子，金無足赤，能做到最好固然好，但是盡自己的最大能力去做了，還是於事無補的時候，就應該學會去放手。
- 如果你的孩子是一個性格溫和的人，那麼你應該告訴孩子，物競天擇的道理，該順應的時候，就順應，該叛逆的時候，還是應該懂得去叛逆。
- 如果你的孩子是一個豁達的人，那麼你應該注意不要讓孩子過於寬容，不應對任何事物都抱以一種豁達與寬容，畢竟事物都有它一定的規則，太寬容了就會成為一種放縱。

總之，性格是樹葉的兩面，只有把兩面都優化好了，才能常青，不然性格很快就會有漸黃枯萎的命運。所以無論何時都要記得告訴孩子記住拿捏尺度。

親子加油站

性格優化過程中，家長們應該注意做到：

1. 欲速則不達，性格優化是一個漫長的過程，是需要循序漸進的。
2. 每一種性格都具有一體兩面，優化就是為了保持好的，摒棄壞的。
3. 優化孩子的性格，不是去徹底改變孩子的性格。
4. 再壞的性格也有好的一面，只要你懂得去優化，所以不要輕易去否定一種性格。

第二章

踩著自卑，從自信起跑

德國哲學家黑格爾（Hegel）說：「自卑往往伴隨著懈怠。」自卑是什麼，無論問誰都知道，因為自卑是人生崎嶇路上的一條毒蛇，隨時都在窺視著我們的心靈。誰都被它窺視過，因為人無完人，自卑來自於缺陷，自卑也是性格的一個缺陷。

一個人若被自卑所控制，其心靈將會受到嚴重束縛，創造力也會因此枯竭。但是，如果能因為自卑而看到自己的不足，並將其優化成以一種動力，必定能創造出奇蹟。

看春暖花開，帶著信心上路

自卑植於每個人的心裡，如果你對它感到恐懼的話，那麼它就會對你糾纏不放，如果你對它自信的大聲朗誦這首詩歌的話，它就會被你拒在千里之外。

從明天起，做一個幸福的人
餵馬，劈柴，周遊世界
從明天起，關心糧食和蔬菜
我有一所房子，面朝大海，春暖花開

從明天起，和每一個親人通信
告訴他們我的幸福
那幸福的閃電告訴我的
我將告訴每一個人

給每一條河每一座山取一個溫暖的名字
陌生人，我也為你祝福
願你有一個燦爛的前程
願你有情人終成眷屬

願你在塵世獲得幸福
我只願面朝大海，春暖花開

如果我們能自信得如大海一樣，給每一條河、每一座山取一個溫暖的名字，築一間面朝大海的房子，就能看到幸福人生的春暖花開。

一位家長在網路的貼文曾讓我幾次為之動容：

我聽說網路上有很多人可以為我解開無法解開的困惑，於是我把問題貼文到了這裡。

我兒子今年上國一，因為我是一個跛腳，而且長得很醜，有一次我去學校幫孩子送東西的時候，我在校門口等了孩子很長時間，都不見孩子過來。於是我便問警衛，他說，你兒子是個很自卑的孩子，第一因為你們家窮，第二因為他有個醜媽，第三因為他課業很差。所以他常常上網洩憤。你以後還是不要來學校了，這樣會讓他更自卑的。今天我也看到了我兒子在網咖，但是我不知道該怎麼去勸導孩子，我聽說網路可以讓我的兒子跟很多人連繫，所以希望你們能幫我勸勸他。只要他能夠自信起來，哪怕是他不認我這個媽，我也願意！

這位母親貼文後面有很多的留言，但都是罵聲一片，並沒有給母親帶來多少實質性的回答。所以我便留下了這樣一個貼文，我也不知道那位母親是否還在關心這事，不知道那個孩子是否也曾看到了母親的貼文，是否逃出了自卑的陰影，走上了自信的道路。

在美國一個偏僻鄉村，一個常因一副細長的「竹竿」身材被同伴譏笑的男孩。他總是低著頭走路，他經常為煩惱、自卑、恐懼所苦，從來不願意與誰說話，更不與任何同伴玩。

因為貧窮，只能穿著父親留下的又舊又破的大衣，和一雙舊得不能再舊的不合腳破皮鞋。除了上學，每天都幫著家裡做點務農工作，他總覺得自己永遠不如別人。高中畢業後的他，為了維持生計，被迫應聘到一家最破的鄉村小學去做代課教師。當第一次得到 40 美元的薪資時，他花 30 美元買了一件最廉價的西裝和一雙皮鞋，這也是他第一次抬起頭來走路，那種幹勁絕不亞於中樂透。

又是一次事情讓這個自卑的男孩 —— 現在應該說是年輕人有了徹底的變化。美國各地進行的大眾演講辯論如火如荼，在媽媽和同事們的再三鼓勵下，他勉強地報了名，選擇了他唯一有資格可以選擇的《美國的自由藝術》話題，在家裡，他反覆地把演講內容講給媽媽，從微笑到眼神、從語氣到動作，乃至穿衣、髮型都精心準備，媽媽一遍又一遍地為其鼓掌……當看著數不清的人潮和眾多的演講者，年輕人已被汗水浸透了，媽媽和同事們都用信任的目光看著他，並做出勝利的手勢。從臺下熱烈的掌聲和沸騰的歡呼聲中，他知道他成功了，他第一次那麼自信地揮手！臺下同事們紛紛祝賀與他擁抱，媽媽早已興奮得泣不成聲……在後來的日子裡，他自信得讓自己都無法相信，他選修了對自己更有挑戰的法律和公開演說學科，最後他成功地步入美國政壇，成為舉世矚目的政治家，他就是美國參議員艾摩．湯瑪斯。

「從這個故事裡，你或許能看到你兒子的一些身影，也找出一些應對的方法：首先，改變孩子的形象。如果真的無法改變我們自身的情況，可以改變孩子的形象，像艾摩．湯瑪斯花 30 美元買了一件最廉價的西裝和一雙皮鞋，改變自己的形象，就可以昂首挺胸，充滿自信。其次，多給孩子一些鼓勵。孩子的自卑心理都是因為缺乏鼓勵而形成的，他可能從來就沒有聽過一句稱讚的話，所以一句稱讚的話，或許可以讓孩子自信起來，就像艾摩．湯瑪斯第一次站在演講臺時母親的鼓勵一樣。第三，找出孩子的長處。孩子在自己的長處裡，會發揮出一種極致，這也是孩子超越別人，得到自信的最佳途徑，只有讓孩子看到自己的長處，在長處裡看到成功，孩子的自卑心理自然就會消失。」

在最後，我想或許孩子會瀏覽到母親的 FB 的貼文，所以也給孩子提出了幾點意見：「第一，沒有理由埋怨你的出身。在這個世上還有比你更不幸的人，與他們相比你就是一個幸福的孩子，因為你還有一個懂得關心你的偉大母親，在這點你可以完全自信地告訴自己，你是一個幸福的孩子。第二，沒有理由不去見你的母親。母親再醜也是你的母親，更何況你的母親是一個最美麗的母親，這話並不是我說的，因為很多網友都這樣說，所以這一點應該使你感到自豪。第三，沒有理由埋怨你的課業差。課業差，是因為你自卑的心理作祟，所以你沉溺於網路遊戲，並不是因為你笨你傻，所以你完全可以自信地走出網咖或放下手遊，用你的優勢去超越別人，否則你永遠都是一個被自卑吞噬的孩子。」

類似上面的情況，其實在生活中我們並不少見，因為我們的孩子隨時都會產生自卑的心理，一時的自卑心理並不可怕，可怕的是形成了自卑的性格，形成了自卑的性格也不可怕，最可怕的是孩子形成了自卑的性格而不懂得去優化。

那麼怎麼優化孩子自卑的性格，讓孩子帶著自信上路呢？

- **改變形象**：心理自卑的孩子，通常服飾保守，說話吞吞吐吐，低頭走路。從上面的故事我們就可以發現，昂首闊步的舉止以及整潔大方的打扮能提升自信心。因此對孩子應特別注意教育他們改變形象：穿整潔大方的服裝，講話爽快，走路昂首闊步等。
- **語言鼓勵**：語言是思想的表露。積極的語言能使人產生積極的情緒，改變消極的心態，艾摩．湯瑪斯在演講中得到母親的鼓勵就告訴我們，多與孩子取得溝通，鼓勵他們，讓他們滿懷信心，也可以改變孩子的自卑心理。

- **挖掘長處**：「尺有所短，寸有所長」，每一個人都有自己的長處和優勢，同時也有自己的短處和劣勢。如果用其所短，而捨其所長，就連天才也會喪失信心，自暴自棄；相反，一個人若能揚長避短，強化自己的長處，就是有殘疾的人也能充滿信心，享受成功的快樂。艾摩．湯瑪斯在演講上的才華，就告訴了我們消除孩子的自卑心理，要善於發現他們的長處和優勢，並為他們提供發揮長處的機會和條件。
- **預演勝利**：每當孩子遇到困難，不敢接受挑戰時，可要求他們先在頭腦中想像完成任務時的勝利情景。這種白日夢式的預演勝利法，對於幫助孩子戰勝恐懼和自卑心理，愉快地接受富有挑戰性的任務，具有立竿見影的效果。
- **儲蓄成功**：科學研究表示，每一次成功，人的大腦便有一種刻畫的痕跡 —— 動作模式的電路紋。當人重新憶起往日成功的動作模式時，又可重新獲得那種成功的喜悅，從而消除自卑，充滿信心。在消除孩子自卑心理時，可以指導其建立成功檔案，將每一次哪怕是非常小的成功與進步都記錄下來，積少成多，每隔一段時間就拿出來看看，經常重溫成功的心情，能使孩子信心百倍地去克服困難。
- **洗刷陰影**：及時洗刷失敗的陰影是克服自卑、保持自信的重要手段。洗刷失敗陰影的方法很多，較為常見的有兩種：一是家長要幫助孩子將失敗當作學習的機遇，認真分析失敗的原因，從失敗中學習和吸取教訓，總結經驗；二是徹底遺忘，家長要幫助孩子有意將那些不愉快的、痛苦的事情徹底忘記。
- **比較分析**：對於「羨人之長，羞己之短」的孩子來說，採用逆向比較，選擇別人的短處作為比較的對象，對於消除自卑心理，達到心理平衡能獲得意想不到的效果。

- **降低追求**：一位哲人說過：「追求越高，才能發揮得越充分。」對於後進的孩子來說，讓其適當降低追求，讓大的目標分成若干小目標，做到一學期、一個月，甚至一個星期都有目標可尋。目標變得小而具體，就易於實現，這樣孩子就每時每刻都有成功感，就可更快地進步。

小叮嚀

什麼樣的孩子容易自卑呢？

5. 生活在破裂家庭中的孩子：由於得不到足夠的父愛或母愛，與其他孩子相比，顯然缺少一種優越感，從而導致自卑。
6. 生活在崇尚「完美主義」家庭中的孩子：由於家長要求孩子做每一件事都要十全十美，實際上，不可能達到十全十美，於是孩子常常受到家長過多的指責，使孩子懷疑自己的能力而產生自卑。
7. 生活在家長能力特強的家庭中的孩子：孩子常會感到：「爸爸媽媽樣樣都可以，就是我不可以」有時，家長本身的行為也會妨礙孩子能力的發揮，尤其是父母處處代勞，事事包辦，導致孩子的動手能力差，與其他孩子相比，孩子必然會感到自卑。

講個「喊出自信」的故事

聽自信在唱歌，唱什麼？

「不要問我從哪裡來，我的家鄉遠在他方，卻也近在你的心房……」

自信可以很遠，也可以很近，這都總結於我們。

第二章　踩著自卑，從自信起跑

女兒在剛上幼兒園的時候，對於學習英語和數學很沒自信，一道簡單的數學題，伸出手指自己都可以數出來的答案，但是她算出來後，如果沒有經過我的默許，還是不敢寫到作業本上，如果她一個人做的時候，半天都做不了一道數學題，因為她算出來了也不敢寫上去。英語也不敢大聲念出來。於是我便給孩子買了李老師的英語教材給孩子看，但是孩子還是不敢像李老師那樣喊出來，但是我發現在女兒的心裡對李老師有著一定的崇拜。於是我便和她講了李老師成功的故事：

他是一個從小自閉、怕說話、連電話都不敢接的人；一個曾經英語考試不及格、從未受過英語訓練的人。後來透過自我錘煉成為著名的英語播音員、中英文雙語主持人、一代英語口語名師。

他被邀請到多個城市傳授英語，他應邀前往日本、韓國、美國講學。

他就是李老師，他並非生來就是英語天才。

小時候，李老師只是一個普通的孩子，他害羞、內向，不敢見陌生人、不敢接電話、不敢去看電影，甚至做物理治療時儀器漏電灼傷了臉也不敢出聲。

1986 年李老師考進工程力學系。進入大學後的李老師，生活沒有出現光彩，第一學期期末考試中，李老師名列全年級校排倒數第一，英語連續兩個學期考試不及格。

大學二年級上學期即將結束時，李老師已有 13 門功課不及格，他覺得很丟人，於是便告訴自己必須從自暴自棄的生活中突圍出來！他選擇了英語作為突破口，發誓要通過 4 個月後的英語考試。

這時的李老師，也像別人一樣，開始大量做題。一次，李老師偶然發現，在大聲朗讀英語時，注意力會變得很集中，於是他就天天跑到校園的空曠處去大聲朗讀英語，直到把歷屆考題脫口而出。十幾天後，別人很驚奇地說：「你的英語聽上去好多了。」

一語驚醒夢中人！李老師想：這樣大喊大叫也許是學英語的一個好方法。為了防止自己半途而廢，他約了他們班學習最刻苦的一個同學，每天中午一起去朗讀英語。頂著凜冽的寒風，從1987年冬一直喊到1988年春。4個月的時間裡，李老師複述了10多本英文原書，背熟了大量考題。每天，李老師的口袋裡裝滿了抄著各種英語句子的紙條，一有空就掏出來背誦一番，從宿舍到教室，從教室到食堂，他的嘴總是在不斷地運動著。4個月下來，舌頭不再僵硬，耳朵不再失靈，反應不再遲鈍。在當年的英語考試中，李老師只用50分鐘，就答完了試卷，並且成績高居全校第二名。一個考試總不及格的學生突然成為一個英語高手，這一消息轟動了大學。

初嘗成功的李老師，從此開始邁向奮發進取的人生之路。他發現，在大喊的時候，性格開始發生改變，內向、自卑、害羞等人性的弱點在大喊的過程中被擊碎了，精力更加集中，記憶更加深刻，自信逐漸建立起來。

他想，這種方法在他的身上已取得成功，那麼何不把這套方法系統地總結，再傳授給其他還在英語學習盲點中苦苦掙扎的同學呢？內向的李老師做出一個驚人之舉——開講座。他讓自己的同學貼海報宣傳，有一個姓李的傢伙，在學英語方面有點經驗，希望與大家一起分享。演講開始前的一兩個小時，李老師還恐懼地想要放棄，在同學們的掌聲中，他跌跌撞撞地被推上了講臺，開始了他人生的第一次演講。

1990年7月，李老師從大學畢業後，到一家電子設備研究所，從宿舍到辦公室，有一段路程，他每天從這條路經過，手裡拿著英語卡片，嘴裡念著英語，起初他是孤獨的，人人都稱他為「瘋子」，慢慢地，他的身後多了1個人、2個人、3個人……同時，李老師堅持每天跑到公司的9樓樓頂上喊英語，躺著喊、跪著喊、跳著喊。冬天在雪花飛舞中大喊；夏

天，光著膀子，穿著短褲，迎著日出大喊。就這樣，堅持每天在太陽出來之前脫口而出 40 個句子，喊了一年半之後，李老師的人生道路又一次有了新的轉折。

1992 年，李老師來到大城市，從 1,000 多人的競爭中脫穎而出，考到了播電臺英文臺。很快，李老師成了一名英語新聞主持人，成為該地區最受歡迎的英文播音員和翻譯協會最年輕的會員。

1994 年，他毅然辭去了電臺的工作，組建了「國際英語推廣工作室」，開始了苦行僧般的「傳道」生涯。10 年來，他透過報紙、電視、廣播、雜誌等管道，有許多人從中受到啟發，無數人從此走上人生的成功之路！

「這就是你一直崇拜的李老師，他曾經像你現在一樣，什麼都不敢做，但是他現在可以瘋狂地在十幾萬人的課堂上大聲講授英語。佳佳，你也可以做到的，自信是喊出來的，只要你對自己喊『我可以做到』你就可以做到。」我鼓勵著女兒，叫女兒跟著我一起喊，「算術，我要戰勝你，English，我可以喊出你，自信，我也擁有你！」我跟女兒像是遊行示威一樣，大聲地在臥室喊著，妻子在廚房聽到後以為我們瘋了，但是我向她使個眼色後，她拿著鍋鏟也跟我們喊了起來。就這樣，女兒漸漸變得自信起來。

備選故事任你挑

自卑是一塊土地，從未被開發過的土地。自信是心中握著的種子，如果你在這片土地上播下的是玫瑰，你就可以收穫一個玫瑰園，如果你在這片土地上播下商機，你就可以收穫一座價格不菲的大廈……

因為金無足赤，人無完人，所以每個人的心上都有這樣一塊土地，如果你能播下自信的種子，去耕耘，就必定會讓這片土地增值。

你找過自己的優點嗎？

你問過孩子這個問題嗎 —— 你找過自己的優點嗎？

收到過很多孩子或家長的 E-mail，說自己（孩子）長得不好看，要麼就是牙齒不好看，要麼就是身材不好，要麼就是聲音不好聽……

下面就是一個剛上國一的女生的來信：

我特別的自卑，因為我長得不好看，而且又矮又胖又黑，還有一雙討厭的蘿蔔腿。有一次穿裙子時，不小心被同學看到了，沒想到他居然叫我大粗腿。還有，我們寢室的女生雖然嘴上不說，其實我內心也知道她們都在心裡取笑我。本來從小就自卑的我，現在被他們這麼一說更加深了我的自卑感，真的好討厭我自己，覺得自己的未來都一片茫然……

從這位女生的信中，我們都可以看出這個女孩很苦惱，因為相貌只是天生的，誰都不想長得不好看。但是既然是存在的現實，我們又何必苦惱呢？人都是內外兼修的，內外互補的。在此，我先提出這樣一個問題，「你找過自己的優點嗎？」「找過了，嘗試著讓你的優點閃爍出光芒嗎？」然後再給她這麼一個故事，讓她大聲地讀三遍。

有一個女孩子，相貌平平，也沒什麼特長，甚至有些遲鈍，常常遭人嘲笑，感到自卑。

這天晚上，她又一次被人譏諷後，怎麼也睡不著。

她想：「唉，上帝造人時，是否多造了一個我，有我沒我都一樣，難道僅僅如綠葉一樣陪襯紅花嗎？不，我還不配做綠葉，綠葉也有人愛慕，也有用處；那麼我做根，不，根也被人讚美，沒有根吸收營養，花怎能開；那麼我是泥土，不行，泥土更重要……」她想來想去，竟找不出一樣沒有用的東西來形容自己。

後來，她終於明白了一個道理：每個人活在世上都有它的意義和用處，不必太苛求自己，也不要太在意別人的看法，只要自己努力，就同樣會發光發熱的。

自己真的沒有優點嗎？還是沒有去找？每一個人都有發光發熱的點，只要像根一樣去吸收了營養，像泥土一樣去培育了花兒，就會變得美麗，變得重要。只要你自信去耕耘，就一定有花開爭豔的時候：

農夫家養了三隻小白羊和一隻小黑羊。三隻小白羊因為有雪白的皮毛而驕傲，而對那隻小黑羊不屑一顧：「你自己看看身上像什麼，黑漆漆的，像鍋底。」「依我看呀，像黑炭。」「像蓋了幾百年的舊棉被，好髒唷。」

不但小白羊，連農夫也瞧不起小黑羊，常常給牠吃最差的草料，時不時還對牠抽上幾鞭。小黑羊過著寄人籬下的日子，也覺得自己比不上那三隻小白羊，常常傷心地獨自流淚。但是小黑羊每一次哭過以後都告訴自己，終有一天我會讓你們都覺得我是最重要的。

初春的一天，小白羊和小黑羊一起外出吃草，走得很遠。不料寒流突然襲來，下起了鵝毛大雪，牠們躲在灌木叢中相互依偎著……

不一會兒，灌木叢和周圍全鋪滿了雪，雪天、雪地，大地白茫茫一片，呈現出雪的世界。牠們打算回家，但雪太厚了，無法行走，只好擠成一團，等待農夫來救牠們。

農夫發現四隻羊羔不在羊圈裡，便立刻上山找，但四處一片雪白，哪裡有羊羔的影子呀。正在這時，農夫突然發現遠處有一個小黑點，便快步跑去。到那裡一看，果然是他那瀕臨死亡的四隻羊羔。

農夫抱起小黑羊，感慨地說：「多虧小黑羊，不然，羊兒可能要凍死在雪地裡了！」

十個指頭有長短，荷花出水有高低，但是十個手指少一個都不好看，荷花如果全都長得一樣高，也就沒有什麼美感了。存在就是合理的，就是重要的，除非你放棄了自己的價值，或許會因為我們自身的一些缺陷，讓我們自身的價值得不到展現，但是終有一天就會像小黑羊一樣彰顯出自己的價值來。

告訴孩子，每一種優點閃耀出的光芒都可以遮住自己的缺陷，只要你能把自己的優點、潛力發揮到極致。告訴孩子自卑時，讀十遍「天生我才必有用，千金散盡還復來」。

知道嗎？他們也自卑過

或許很多家長也為此很苦悶，孩子雖然所處的家境好，功課也不錯，長相也不錯，但是他們始終能從雞蛋裡挑出骨頭來，埋怨自己為什麼長相不更好看些，學習力為什麼不再好些……總是能找出自卑的原因。對於這些孩子，家長們的勸導往往是更難的。

朋友的女兒小葉就是這樣一個女生，在班上可以說是班花級人物，而且學業成績也很好，但是由於小葉的鼻子很小，所以鼻子影響了她的美貌，有一次她跟一個同學爭執的時候，被同學說她鼻子小吸不到空氣，所以動不動就生氣。孩子就變得更自卑。

後來，好幾次要求我朋友帶她去醫美診所把鼻子整得好看些，一向不信整容的朋友，氣憤地回拒了她，還把她臭罵了一頓，可是從那以後，小葉的性格變得更自卑，什麼事都好像鼓不起勇氣去完成。

朋友說，我是不可能帶她去整容的，十幾歲的小女孩就整容，假如出了什麼差錯那怎麼辦。但是現在問題擺在面前，也找不到什麼辦法。

聽完朋友的苦衷後，我也實在找不出什麼好的辦法，於是便從腦海中想到了這麼一段話:「回去告訴孩子，其實每個人都自卑過，即便是名人，但是正是因為他們在某些方面自卑，就注定了要在某些方面是個天才。如果你對你的鼻子不夠自信，那麼你就應該讓你身上的其他光芒使你的鼻子美麗起來。要想讓你覺得不自信的鼻子美麗起來，你唯有讓你的鼻子自信起來。這樣才能換來一種真實的美。而不是靠整容去整出外表的美麗。」朋友說，孩子自卑的心理已經形成了，現在也只有用故事慢慢來讓她自信起來。

你敢否定錯誤的東西嗎？

孩子的自信是從否定中走來的，每一次否定的成功，都會讓他們感到一種極強的自信。

我書架上有好幾本早年買的盜版書——《唐詩》、《宋詞》，但是一直都沒記得換下來。一次女兒來我的書房剛好拿到了其中的一本《唐詩鑑析大全》，由於我在埋頭寫作，也沒有顧及她拿到這本書，於是她在一旁默讀著。

在歇息時，聽到女兒將好幾首詩都念錯了「沉舟側畔千帆過，病樹前頭萬木春」她念成了「沉舟側半千帆過，病樹前頭萬木春」，「沖天香陣透長安，滿城盡帶黃金甲」她念成了「沖天香陣秀長安，滿城盡帶黃金甲」。

於是我便走到女兒的跟前，「妳知道剛才你念錯好幾個字嗎？」

女兒一臉無辜的樣子，於是我便說，「妳剛才把『沖天香陣透長安，滿城盡帶黃金甲』念成了『秀』長安。難道『透』字妳不認得嗎？」

「書上本來就寫的是『秀』嘛！」她把書遞給我，我一看，果然是書寫錯了。

「那這首詩妳們學過吧，妳讀讀看吧。」我指著劉禹錫的〈石頭城問〉女兒。因為我發現那裡面也有一個錯別字。

女兒接過書念道「山圍故國周曹在，潮打空城寂寞回，灘水東邊舊時月，夜深還過女牆來。」

「難道妳沒有發現什麼地方錯了嗎？」我問道。

「好像是第一句錯了和第三句錯了。」

「那妳怎麼還讀下去呢？」我反問著。

女兒便不好意思地去找來她的教科書，說，書上把「遭」字寫成了「曹」字，把「淮」字寫成了「灘」字。

我沒有責怪女兒，當時和她講了一個故事：

聞名世界的交響樂指揮家小澤征爾，在一次世界優秀指揮家大賽的決賽中，他按照評委會給的樂譜指揮演奏，敏銳地發現了不和諧的聲音。

起初，他以為是樂隊演奏出了錯誤，就停下來重新演奏，但還是不對。他覺得是樂譜有問題。這時，在場的作曲家和評委會的權威人士堅持說樂譜絕對沒有問題，是他錯了。

面對一大批音樂大師和權威人士，他思考再三，最後斬釘截鐵地大聲說:「不！一定是樂譜錯了！」話音剛落，評委席上的評委們立即站起來，抱以熱烈的掌聲，祝賀他大賽奪魁。

原來，這是評委們精心設計的「圈套」，以此來檢驗指揮家在發現樂譜錯誤並遭到權威人士「否定」的情況下，能否堅持自己的正確主張。前兩位參加決賽的指揮家雖然也發現了錯誤，但因隨聲附和權威們的意見而被淘汰。

小澤征爾卻因充滿自信而摘取了世界指揮家大賽的桂冠。

「孩子，要記住『盡信書不如無書』，當妳覺得錯的時候，就應該停下來，去查閱一些資料，驗證自己的想法。這樣妳才能做到自信。因為有時候生活總是要把許多假象給妳，讓你去思考，而這時妳需要的就是自信，否定別人的觀點，去找資料驗證自己的觀點。這樣妳就不會因為別人說三道四而產生自卑的情緒。」女兒羞紅了臉，點了點頭，便把前面的幾首詩，都一一查找資料核對了一遍，看是否有錯誤。

不要被別人左右自己的思想

妻子一回到家，就跟我說，難題來了。我望著妻子，「你的寶貝女兒要減肥。」

「你說什麼？」因為女兒雖然不是標準身材，但是也談不上肥胖，聽到女兒要減肥，我感到詫異。

「你的寶貝女兒要減肥。」妻子重複了一遍。

「為什麼？不會跟你學的吧。」

「今晚她說不吃飯了，反正我是沒有辦法了，你自己看著辦吧。」妻子帶著無奈的表情往廚房走去了。

「佳佳，在寫作業嗎？」我走進女兒的房間。

女兒放下筆回頭看了看我，眼睛裡放射出一種質疑的眼光疏遠著我，我知道她肯定知道我今天是來勸她不要減肥的，一個 7 歲的小女孩就要減肥，簡直令我不可思議。我該怎麼勸她呢？

「聽媽媽說你要減肥？為什麼？」我直接切入主題就問。

「身材不好看。」

愛美之心，人皆有之，該怎麼辦呢？該怎麼勸女兒呢？於是便和女兒講了一個故事：

從前，在某座島上有一對雙胞胎王子，有一天國王想為大王子娶老婆了，便問他喜歡怎樣的女孩。

大王子回答：「我喜歡瘦的女孩子。」

知道了這消息的女孩想：「如果順利的話，或許能攀上枝頭做鳳凰。」

於是大家爭先恐後地開始減肥。

不知不覺，島上幾乎沒有胖女生。不僅如此，因為女孩子一碰面就互相比較誰更苗條，甚至出現了因為營養不良而得重病的情況。

但後來卻出現了意外的情況……

講到這裡，我便故意把故事擱了下來，「哦，有件重要的事，忘了跟你媽說了，我先跟你媽說一下。」於是便故意跑到廚房自信地跟妻子說「等著看好戲。」

於是我便在廚房幫妻子做著飯。

「佳佳，吃飯了。」我到女兒的臥室敲了敲門。

「爸爸，我不吃了，減肥呢！」女兒還是固執地不吃飯。「你們吃吧，爸爸，難道你忘記了，你故事還沒有講完呢？」我猜也知道女兒會說這句話。

「哦，剛才跟你媽說點事，把這事給忘了，你到廚房吧，我邊吃邊跟你說。」

妻子還是給女兒盛好了飯。

「剛才我們講到哪了？」我問女兒，「出現了意外情況。」

妻子在一旁附和著，「你們父女倆好好講吧，我不管你們了，愛吃不吃的。」我看了看妻子笑了笑。妻子開始默契地陪我演著戲。

大王子因為生病一下子就過世了，因此倉促決定由弟弟來繼承王位。

於是國王又想為小王子娶老婆，便問他同樣的問題。「現在女孩都太瘦弱了，而我比較喜歡豐滿的女孩。」小王子說。

島上知道消息的年輕女性，開始競相大吃特吃，於是，島上幾乎沒有瘦的女性了，但島上的食物也被吃得匱乏，甚至連為預防飢荒的糧食也幾乎被吃光了。

最後王子所選的新娘，卻是島上從來就沒有減過肥，增過肥，不胖不瘦的女性。

在她成為王后之後，人們問她，為什麼當初不減肥，也不增肥，她說：「我為什麼要被別人左右我的思想呢？自然是最好的，因為我知道大家都減肥了，都瘦得乾巴巴的，我就會成為一面獨特的風景，大家都胖了，而我不胖不瘦自然美，就更為突出，所以我成功了。

「佳佳，吃飯吧！不要被別人左右自己的思想，那樣就會容易自卑，更容易隨波逐流，喪失自己的個性。所以你得自然點，因為你現在也和王后一樣，不胖也不瘦，這就是自然的健康之美。」我說完便端起碗吃起飯來，妻子還是默契地為女兒夾菜。女兒便端起碗吃起飯來。

自卑很多時候是因為我們常常會被別人左右著，因為別人的一句話而產生自卑心理，久而久之就會形成一種自卑的性格。所以告訴孩子，不要被別人左右自己的思想。

給家長的悄悄話

怎麼讓孩子從自卑走向自信呢？看看這位母親：

他 45 歲就當上了美國奇異公司（General Electric Company）董事長和執行長，這是美國奇異公司自創立以來最年輕的一位董事長和執行長，也被譽為全球第一的 CEO，當代最成功的企業家。他的名字叫傑克．威爾許（Jack Welch）。

但是誰都沒有想到，他在小學時候不但沒有那麼出色，而且還是個口吃的人。因為口吃，他時常被同學嘲笑。

一天，他又因為上課回答問題時結結巴巴的，被全班同學哄堂大笑地嘲笑了一番。他非常沮喪。

他回家跟媽媽說：「他們都嘲笑我，我是不是很糟糕？」

媽媽當然更難過。

但是媽媽不是一個尋常的媽媽。

媽媽一臉歡笑地對他說：「哦！原來你是為這個傷心？」

「這是因為你的嘴巴沒有辦法跟上你聰明的腦袋啊！」

「難道你不知道你遠比其他孩子聰明嗎？」媽媽補充地勸慰著孩子。

傑克．威爾許頓時心裡一亮，他從此不再為口吃而自卑了，因此而走出了自卑，所以他便很快就擺脫了口吃的毛病。

孩子自卑的時候，我們是怎麼做的？我們是否像這位母親一樣？上面的故事給予我們的啟示又是什麼呢？

- 轉移孩子的悲傷，找出孩子的優點，讓孩子學會在自卑裡尋找自信：愛因斯坦小時候在課堂上做手工，老師要求每個學生做一隻鴨子。全班學生紛紛把做出來的鴨子交給老師並得到老師的誇獎。唯有愛因斯坦遲遲才交上他的手工作業，老師看過之後高高舉起，用嘲笑的口氣對全班同學說：有誰見過世界上比這更醜的鴨子嗎？全班同學哄堂大笑。愛因斯坦站起來大聲說：「有，同學們。」他從抽屜裡拿出一隻更醜的小鴨子高高舉起，「那就是我第一次做的鴨子。」

  自信來自於哪裡，自信就是不跟別人比，就跟自己比，只要一次比一次有進步，一次比一次好就是一種成功。告訴孩子超越自己就是在不斷地超越別人，做像愛因斯坦那樣有自信的人。

- 讓孩子在自卑時，看到信念，只要有信念，孩子就會朝著信念的方向一直向前，但孩子朝前走的時候，我們就會發現孩子自卑的缺陷很快就會消失。像傑克．威爾許一樣，相信自己的腦子是比別的孩子聰明。

傳說有一個王子，長得很英俊，但卻是一個駝背，對於這一缺陷他感到很自卑。於是國王便請最好的雕塑師，讓他在王子的宮殿前按王子相貌雕了一個塑像，只是並沒有駝背。王子看到塑像後，受到很大震撼，慢慢的，王國裡的人民開始議論，說王子的背好像沒有以前那麼彎了，這讓王子很高興，沒有多久奇蹟就出現了，王子的背果然直了。

- 這就是父母給予孩子的一個信念帶來的力量，記得要常常在孩子的心中雕刻一座屬於孩子完美的、成功的雕像。

優化自卑的性格，就是要讓孩子克服自卑的心理，擺脫自卑的陰影，走向自信，但是我們應該知道每一種性格都是有正反兩面的，當孩子過於自信的時候，我們也不要忘記優化性格。

曾經鬧得沸沸揚揚的富二代飆車撞人案，就是因為富二代自認為車技過人導致的，曾有媒體報導說他曾經是一個對自己的車技過於自信的人，一直覺得自己天下無敵，還曾幾次甩掉警察，最終的悲劇就是因為他的過於自信所導致的。

所以無論何時都要掌握一個度，才能真正做到最佳優化。

親子加油站

看看孩子是否自卑，看看孩子是否過於自信？

自卑的表現

1. 過於低估自己的智力，一旦成績不好或遇到什麼困難，就認為自己不是讀書的料、成事的料。
2. 過於低估自己的能力，自認為表達能力差，怕說不好或表達不出，在眾人面前不敢發言。

3. 過於低估自己的意志力，不相信自己能夠克服弱點，從而逐漸形成自卑的性格。

過於自信的表現

1. 常常會自以為是，固執己見。
2. 行事過於果斷，不考慮後果。
3. 不願意與他人溝通交流。

總之，優化是一個尺度，做到遇事不自卑，處世不自傲。這樣就完成了孩子性格優化的第一步。

第三章

變自大魯莽為謙虛謹慎

一位戲劇大師不僅在戲劇藝術上有很深的造詣，但從不因此而志得意滿。一次，他在演戲劇時，在眾多喝采叫好聲中，他聽到有個老年觀眾說「不好」。戲劇大師來不及卸妝更衣就用專車把這位老人接到家中。恭恭敬敬地對老人說：「說我不好的人，是我的老師。先生說我不好，必有高見，定請賜教，學生決心亡羊補牢。」老人指出：「上樓和下樓的臺步，按規定，應是上七下八，博士為何八上八下？」戲劇大師恍然大悟，連聲稱謝。以後戲劇大師經常請這位老先生觀看他演戲，請他指正，尊稱他為「老師」。

孔子兩千多年前就曾告誡我們「三人行，必有我師焉，擇其善者而從之，其不善者而改之」，這樣方能不斷進步，方能邁向功名成就的征途，這也正是「以人為鏡，可以正衣冠」的道理。

戒驕戒躁才能走得更穩

如果孩子聽不懂「滿招損，謙受益」，那麼就告訴他「虛心使人進步，驕傲使人落後」，如果想走得更穩，更上一層樓就得學會戒驕戒躁。

瀏覽親子論壇的時候，常常看到有家長問到類似這樣的問題：

我兒子今年上小學四年級，學習能力強，成績不錯，但容易驕傲。如果上次考得不錯，往往這次就退步，我們藉機教育他，下次又會考好。考前總愛說：「沒問題。」總高估自己。我們常常教育他，但效果不明顯，請問我們該怎麼辦？

對於家長們的問題，我還是常常提出三言兩語建議，也希望他們能透過這些方法，讓孩子戒驕戒躁，走得更穩健。

- **當孩子取得好成績的時候，家長們應該要沉著**：孩子考得好成績後，孩子們往往會眉開眼笑，家長們也會眉開眼笑，當然不是說我們不應該眉開眼笑，我們應該注意場合，在孩子面前應該保持冷靜的頭腦，因為孩子閱歷有限，常常會因為一點點小成功就導致頭腦發熱。所以我們在給予孩子誇獎的同時，更應該讓孩子學會沉著應對成功。

- **當孩子獲獎時，家長們應該要為孩子慶賀，更要學會怎麼去鼓勵**：往往有很多家長，擔心孩子會驕傲自滿，很少對孩子進行獎勵，這樣會讓孩子看不到成功的喜悅，對成功的果實不在乎，導致孩子沒有前進的熱情。其實獎勵是必要的，就是應該在獎勵的時候，學會怎麼去鼓勵孩子。此時的家長們，可以這樣鼓勵孩子「繼續努力，爭取有更大的進步」、「如果下次再努力點，就一定能拿更好的獎勵，更大的獎勵」。
- **家長要在孩子獲得成功後，適時給孩子一些提醒**：恰當、適度地把孩子從歡樂中稍微恢復正常，幫他們從成功的歡喜中走出來，恢復一種常態，這樣就能防止他們一直沉浸在成功之中，杜絕了驕傲情緒的蔓生。
- **孩子成功的時候，給孩子明確下一個目標和方向**：在肯定了孩子的優點時，也要找出孩子的缺點所在，要他們在成功的時候，看到自己的不足，給他們確定下一個目標和方向，這樣孩子就會謙虛謹慎地朝著目標前進。

小叮嚀

性格魯莽的孩子很容易吃虧、得罪別人，怎麼樣才能優化孩子魯莽的性格呢？

1. 告訴孩子做事之前，先在心裡默數「1、2、3、4」，這樣孩子就會冷靜下來想想到底這樣做對嗎？這樣做好嗎？

2. 告訴孩子做事之前，不妨考慮一下結果，看看自己能否看到結果是什麼樣的，這樣孩子就會冷靜地思考最好的做事方法。
3. 多給孩子一些空間和時間，不要過於逼緊孩子，給孩子留下思考的空間。

從「三人行，必有我師」說起

聽朋友說過他的一個很好的「育女心經」：

我從來就不請家教，不是因為我自己過於自信，而是我根本就不懂得孩子的很多學習上的問題，我常常成為了女兒的學生，每天女兒都和我講一個小時的課，包括英語、數學各半個小時。

不請家教是因為怕孩子對家教產生依賴性，不好好在學校聽課，反而依賴在家裡聽。也是因為我的外文和數學太差，所以我常常會請教孩子很多問題。在請教孩子問題的時候，我發現了這個問題，孩子在我向她請教問題的時候，她總是能把這個問題學得很透徹。所以常常做孩子的學生，孩子自然就會成為老師。也自然不用請什麼家教。所以我的育女心經是——為孩子找個好老師，還不如為孩子找個好學生。

朋友的育女心經讓我想起了女兒那天在我的書房，向我請教韓愈《師說》解釋的場景：

女兒常來我的書房，隨手拿書就看，也從不看自己的學識能否到那程度。她翻開韓愈的《師說》便認真地讀著：「古之學者必有師。師者，所以傳道授業解惑也……孔子曰：『三人行，則必有我師。』是故弟子不必不如師，師不必賢於弟子，聞道有先後，術業有專攻，如是而已。……」

女兒一口氣之乎者也地讀下來，好像除了「三人行，必有我師」地熟悉點，方能知道一些，其他的都不知道什麼意思，於是便向我索取解釋。

當女兒讀到「古之聖人，其出人也遠矣，猶且從師而問焉；今之眾人，其下聖人也亦遠矣，而恥學於師。是故聖益聖，愚益愚」的翻譯時，她說：「聖人還有不懂的道理嗎？如果他都有不懂的道理，他為什麼能稱為聖人呢？」

我笑了笑，為她講了孔聖人出巡的一個故事：

春秋時期，孔子和他的學生們周遊列國，宣揚他們的政治主張。

一天，他們駕車去晉國。一個孩子在路當中堆碎石瓦片玩，擋住了他們的去路。

孔子說：「你不該在路當中玩，擋住我們的車！」。

孩子指著地上說：「老人家，您看這是什麼？」孔子一看，是用碎石瓦片擺的一座城。

孩子又說：「您說，應該是城給車讓路還是車給城讓路呢？」孔子被問住了。

孔子覺得這孩子很懂得禮貌，便問：「你叫什麼？幾歲啦？」孩子說：「我叫項橐，7 歲！」

孔子對學生們說：「項橐 7 歲懂禮，他可以做我的老師啊！」

「這就是聖人所不懂的道理，很多時候，不是別人擋住了你的去路，是因為你不懂得去為別人讓路。孔子當時就不懂得這個道理，所以項橐便成為了他的老師，這也便讓孔子悟出了三人行必有我師的道理。」我跟女兒解釋著。

「爸爸，難道你就沒有感覺孔子錯了嗎？是因為那個小男孩在大路上堆瓦片擋住了前路，是他不對在先，他那是狡辯。」女兒反駁道。

「是的，你說的也不無道理，但是什麼是對，什麼是錯呢？這只是相對而言的，小孩子說出來的道理也不無道理，城跟車，是誰讓誰呢？所以遇到問題的時候，謙讓一下便是一種美德，成就的是彼此的方便。而無需下車和他人爭辯。這就是孔子要告訴我們的道理。」

「我反正覺得是小男孩錯了。」女兒依舊固執地認為是男孩錯在先。於是我又和她講了一個故事：

有一個博士到一家機構上班，成為該機構內學歷最高的一個人。

有一天他到機構後面的小池塘去釣魚，正好所長、副所長在他的一左一右，也在釣魚。

他只是微微點了點頭，「與這兩個大學生，有什麼好聊的呢？」他想。

一會兒，所長放下釣竿，伸伸懶腰，突然從水面上如飛似地走到池塘對面上廁所。

博士生眼睛睜得都快掉下來了。「水上漂？不會吧？這是池塘啊。」他想。

所長上完廁所回來的時候，同樣也是飛快地地從水上漂回來了。

「怎麼回事？」博士生又不方便去問，畢竟自己是博士啊！

過一陣，副所長也站起來，飛快地漂過水面去上廁所。這下子博士更是差點暈倒：「不會吧，到了一個江湖高手集中的地方？」

博士生也內急了。這個池塘兩邊有圍牆，要到對面廁所去得繞 10 分鐘的路，而回來又太遠，怎麼辦？

博士生也不願意去詢問兩位，憋了半天後，也起身往水裡跨：「我就不信大學生能過的水面，我博士生不能過！」他想著便往水裡走。

只聽咚的一聲，博士生栽到了水裡。

兩位將他拉了出來，問他為什麼要下水，他問：「為什麼你們可以走過去呢？」

兩位相視一笑：「這池塘裡有兩排木樁子，由於這兩天下雨漲水正好在水面下。我們都知道這木樁的位置，所以可以踩著樁子過去。你怎麼不問一聲呢？」

女兒聽了這個故事為博士的死愛面子捧腹大笑起來。

「這就是，弟子不必不如師，師不必賢於弟子，聞道有先後，術業有專攻的展現，在人群中間是無貴無賤，無長無少，這樣你才能在你的身旁找到老師，只要懂得謙虛，就能接受別人的優點，自己才能進步。倘若像那位博士一樣自視傲慢的話，就會引為別人的笑柄。」女兒從笑聲中停下來認真地聽著我講，隨後又拿著《師說》的翻譯認真地誦讀著。

備選故事任你挑

有時候我們會發現，大致相同的兩句話，因為幾個詞或個別字的變動，意思就全變了。正如下面這句：「你是想做驕傲的孩子？還是想做令人驕傲的孩子？」。性格優化，可以讓一個驕傲的孩子變得令人驕傲。要想改變一句話的意思其實很簡單，就是在前面加幾個字而已，性格的改善，其實也沒有我們想像的那樣難，只要我們願意去優化孩子的性格，一個好的性格是很容易形成的，所以讓孩子從驕傲魯莽走向謙虛謹慎並不難。

高處不勝寒怎麼辦

「明月幾時有，把酒問青天，不知天上宮闕，今夕是何年，我欲乘風歸去，又恐瓊樓玉宇，高處不勝寒，起舞弄清影，何似在人間」，或許很多人會問，無緣無故拿出蘇軾的詞來做什麼？

看看當蘇軾覺得高處不勝寒的時候是怎麼做的——起舞弄清影。我們怎麼才能起舞弄清影呢？就是放下高傲的自己，用一種謙卑去對人、處世，這樣你就不會覺得高處不勝寒了。

一次去出差的時候，在開完會後，碰到一個多年未見的好友，一見面寒暄了幾句，對方就給我出了個難題：

我的女兒現在已有五歲半，長得也不算差，功課也不錯，但就是因為這樣，她越來越驕傲，對身邊的一些小朋友，甚至是她的表弟也瞧不起了，因為她喜歡畫畫、跳舞，老師也經常讚美她，回到家裡爺爺奶奶也給予獎勵、稱讚，這樣一來，她就越來越不像話，看到別人的畫畫得不好，就嘲笑別人不會畫，並會自誇。但是我忙著工作也很少跟孩子溝通，都是她爺爺奶奶在家管著，我想如果再這樣縱容溺愛下去，對她沒有好處，有否好的建議？

我皺了皺眉，因為這個問題，朋友一直沒有跟女兒溝通交流，不可能一下子就能把孩子驕傲的情緒糾正過來。而且爺爺奶奶過度的誇獎，更助長了孩子驕傲的氣焰。於是我便跟朋友說：「這個方法可以試一試，不僅僅是和你講，也是和孩子講。」

朋友帶著一臉的疑問看著我，於是我便和他講了這樣一個故事：

在一座寺廟裡，有一個小和尚非常聰明，他能把所有的經文背誦下來。其他的小和尚念經，而他每天坐在那裡背經，因此他總是能在背經的時候看到其他和尚向他投來羨慕的目光。

因此，小和尚開始驕傲起來。他走到大師兄的面前說道：「大師兄，你念經的時候為什麼把眼睛瞪得那麼大啊？這怎麼能集中注意力來體會經中的含義呢？你這個大師兄怎麼給師弟們做個好的表率啊！」大師兄聽到他這樣說自己，心中很不高興，但也不去反駁他，轉過頭去繼續念他的經，沒有理他。

小和尚一看大師兄沒理他，於是又走到二師兄面前說道：「二師兄，你怎麼也把眼睛瞪得那麼大？是不是經文太難懂你無法理解？真是腦子夠笨啊！」二師兄同樣像大師兄一樣，把頭轉了過去不去看小和尚。

小和尚討了一個沒趣後又來到三師兄面前說道：「其實經文沒有什麼難懂的，只是你不用心去記，其實就是懶惰，你這麼懶，再做一百年和尚也成不了佛，我勸你還是改行吧。」三師兄不理小和尚。

小和尚又走到了四師兄那裡，結果四師兄一看到他走過來立刻就把頭扭到另一邊。小和尚又開始向五師兄那裡走去，結果他發現自己所有的師兄弟都把頭一扭，全都不用正眼看他。

一連幾天，沒有人和小和尚說話，小和尚感覺自己非常孤獨，所以他敲開了方丈的屋門，一進屋便哭了起來，把所有師兄弟都不理睬他的事情給方丈講了一遍。

老方丈聽完小和尚的話，笑後說道：「別的師兄弟都不理睬你的原因就在於你所說的話已經嚴重刺傷了他們的自尊心。我能夠明白你向他們說這些話的意圖，因為你想透過這些來證明你的能力，但是，如果靠排擠別人的方法想贏得別人對你的尊敬，就相當於你打了別人一巴掌還要讓對方對你說謝謝，這可能嗎？如果一個演員的演技再高但是沒有觀眾，他的演技又給誰看呢？」

小和尚聽完方丈的話後，慚愧地低下了頭。

朋友很不解地說：「關鍵是她目前還沒有遇到這樣的挫折，這個故事似乎對她來說沒有什麼用。」

我笑了笑說，「那就適合你，你需要等待，驕傲的結果必然是孤獨，有傲必孤。等到她覺得高處不勝寒的時候，你再和她講這個故事，她或許就會從驕傲中反省。」

「那這樣一直縱容著，我怕出什麼問題。」朋友憂慮著。

「那你可以自己給孩子安排挫折呀，找幾個朋友的孩子一起來孤立她，這樣再和她講這個故事不就行了嗎？」朋友聽後，拍著我的肩膀，熱情地約我吃飯去。因為下午還有重要會議，所以便婉拒了。

每個人都受不了孤獨的煎熬，特別是孩子，如果沒有夥伴，他們就會感覺生活的乏味。當孩子身邊沒有朋友的時候，應該看看孩子是否因為太過於驕傲，所以導致高處不勝寒，與孩子高處不勝寒的時候，告訴他放下身段，謙卑地和大家一起玩樂。

謙卑的藝術

去幼兒園接女兒的時候，女兒哭喪著臉向我走來，我便問她怎麼了，她一聲不吭地打開車門就鑽進車裡，大聲哭了起來。我知道女兒肯定是受到了什麼刺激，於是讓她自己一個人哭著，我趴著等著。

女兒見我不開車，便停止了哭聲，但還是不願向我說起哭的事，我便啟動油門向回家的路上開車。

等紅綠燈時，我故意問女兒：「今天在幼兒園裡學了什麼？」她沒有回答我的問題，氣哄哄地問我「憑什麼權威說的都是對的？」

我聽不懂女兒的話，回頭看了看她。於是她便說：「今天我同桌故意問我為什麼吹肥皂泡的吸管形狀有方形的還有圓形的，可是為什麼吹出來的泡泡卻都是圓的呢？當時我就覺得她很可笑，就說，你怎麼這麼笨，你覺得世間有方形泡泡嗎？她卻笑我什麼都不懂，還自作聰明，說是因為什麼表面張力導致的。我問她什麼是表面張力的時候，她又不知道是什麼，於是我們便互相取笑，最後兩個人吵起來了，最後老師調解了我們。但是我覺得我沒有錯，本來世界上就沒有什麼方形泡泡，而老師最後還說是因為表面張力導致的。於是在老師講表面張力的時候，我問老師為什麼世界上只有圓形泡泡，老師就叫我不要無理取鬧。」

聽了女兒的話，我笑了笑，和她講了戴爾·卡內基（Dale Carnegie）的經歷：

一天，卡內基在公園中遇見一位員警——一個急於要顯示他權威的員警。

「你不給那狗戴上嘴套，也不用綁繩繫上，還讓牠在公園裡亂跑，你不知道這是違法的嗎？」

「我知道是違法的，」卡內基輕柔地回答說，「但我想牠在這裡不至於會傷害什麼。」

「你想不至於！你想不至於！法律可不管你怎麼想。那狗也許會傷害松鼠，或咬傷兒童。這次我放你過去，但如果我再在這裡看見這隻狗不戴嘴套，不繫綁繩，你就得去和法官解釋了。」

卡內基真的遵守了幾次。但他的狗不喜歡戴嘴套，所以卡內基決意碰碰運氣。起初倒沒什麼，後來有一天下午，卡內基和狗狗到了一座小山上，忽然他又看見了那個員警，那員警騎著一匹紅馬。狗在前面正向著那員警衝去。卡內基知道事情已毫無辦法了，所以他沒等員警開口說話，就先發制人。他說：「警官，我願意接受你的處罰。我沒有藉口。你上星期警告我如果我再把沒戴嘴套的狗帶到這裡，你就要罰我。」

「哦，好說，好說。」這員警用溫柔的聲調說，「我知道周圍沒有人的時候，讓這樣一隻小狗在這裡跑一跑，是一件誘人的事。」

「那真是一種引誘，」卡內基回答說，「但那是違法的。」

「像這樣一隻小狗是不會傷人的。」員警說。

「不，但牠也許會傷害松鼠。」卡內基認真地說。

「哦，我想你對這事太認真了。」員警說，「我告訴你怎麼辦，你只要讓牠跑過小山，我看不見牠，就沒事了。」

其實，那位員警也挺有人情味，他只不過要得到一種被人尊重的感覺。所以當卡內基開始自責時，對方唯一能滋長自尊的辦法就是採取寬大的態度，以顯示他的慈悲。

卡內基不與員警爭辯，因為他承認員警是絕對正確的，自己是絕對錯誤的。由於卡內基迅速地、坦白地、熱忱地承認了錯誤，這件事就友善地結束了。

「我們現在先不說圓形泡泡的問題，你和同學的爭執一開始就是一個錯誤，就像你說的憑什麼權威的就是對的？那憑什麼你的答案又是對的？不錯，你肯定會說，你的是真理，但是你敢說權威的就不是真理嗎？答案是豐富多彩的，你只有謙卑地去接受別人的答案，你才能得到別人的尊重，得到別人知識的灌輸。世界的確沒有方形泡泡，為什麼沒有方形泡泡呢？就是因為表面張力，那什麼是表面張力呢？你現在不知道了吧。但是老師已經給同學們講過了，他們都懂，而你卻不懂，為什麼，因為你一直都在圓形泡泡裡，沒有去接受別人的東西，知識也是這樣的，你只有放下身分去尊重它，它才會如約而至。」女兒滿臉通紅地說不出一句話，一個人悶悶地坐在我的身旁。

於是我又問了問她想不想知道什麼是表面張力，她點了點頭，我便和她講了講，還答應回去試驗，於是女兒便露出了微笑。

為什麼會錯失機會

女兒高傲的個性一直持續到三年級，因為一次挫折才被慢慢消磨掉，其實我一直覺得，不管是孩子還是我們，都必須得經歷些挫折才能懂得「吃一塹長一智」，所以一直任憑女兒驕傲的情緒滋生，妻子常常說我不懂得教育孩子。但是我深知，當孩子遇到挫折的時候，給予她一個故事，這才是立竿見影的。

三年級的時候，驕傲的女兒學業成績還名列前茅，但是或許因為她過度的驕傲自大，每次她代表學校參加科展都沒有拿過獎。在一次比賽中，她們班上要選派兩名品學兼優的學生參加，女兒還是以為自己是不會被落選的。但是這次卻沒被老師選中。因為她多次參加比賽都沒有拿到獎，老師們一致認為要給其他同學一些機會。

當女兒得知自己落選的時候，一回到家就氣衝衝地跑到我的書房訴苦，於是我便隨手拿來了當天看到的一個故事讓她反思。

有一對穿著普通的老夫婦，在沒有事先約好的情況下直接拜訪了哈佛大學的校長，校長很冷淡地接待了他們。

老婦人告訴他：「我們有一個兒子曾經在哈佛讀過一年，他很喜歡該校，在校內的生活也很快樂。但是去年，他因意外而死亡。我丈夫和我想在校園裡為他留一座紀念物。」

校長打量了一下，粗聲地說：「夫人，我們不能為每一位曾讀過哈佛而後死亡的人建立雕像的。如果我們這樣做，我們的校園豈不成了墓園了。」

老婦人說：「不是，我們不是要豎立一座雕像，我們想要捐一棟大樓給哈佛。」

校長輕蔑地說：「你們知不知道建一棟大樓要花多少錢？我們學校的建築物超過 750 萬美元。」

這時，這位女士沉默不講話了。她轉向她丈夫說：「只要 700 萬就可以建一座大樓？那我們為什麼不建一座大學來紀念我們的兒子？」

於是，史丹佛夫婦離開了哈佛，到了加州，成立了史丹佛大學來紀念他們的兒子。

「這就是高傲的哈佛大學校長，釀成的最大的錯誤，但是也正是這樣一個錯誤，成就了一所聞名世界的史丹佛大學。機會是不會光臨高傲的人的，因為驕傲使人落後。」女兒聽了我的話，臉漲得通紅通紅的，就從這次後，女兒的高傲就漸漸被消減下來，變得謙虛起來。

謙虛的高度

每一種態度，都在決定著你在別人心目中的高度。

有一種高度是高不可及的，這種高度是永恆的，那就是謙虛的高度，有一種高度再高也是不會博得機會的眷顧的，這種高度只是短暫的，那就是高傲的高度。

曾收到過一個小學生寄來的信，信裡這樣寫道：

我是我們班的班長，我的學業成績一直很好，同學們都很欽佩我。但是我的朋友卻很少，同學們都說我太高傲了，他們高攀不起我。在班上很明顯，大家都喜歡副班長，卻不喜歡我，我傳達的命令大家都要經過副班長才會有人聽。但是我感覺我並沒有他們想像的那樣高傲。我也很想擁有朋友。但是不知道為什麼，每次跟他們一起做事的時候，都感覺他們很笨，總是會拖我的後腿，所以我不願意和他們一起做，但是我又想得到別人的尊重和擁有知心的朋友，我不知道該怎麼做。

看了孩子的信後，我便及時給他回信，用了這樣一個故事：

在一位富人的私家花園裡，並排生長著兩株檸檬樹，其中一株長得高大，另一株卻很矮小。

花園的主人比較看好長得高大的那棵樹，天天精心照料它，它因此而長得更好了。每次澆完水，主人還會大大讚美那棵樹一番。身材矮小的那棵樹被冷落在花園的一角。

有一天，一陣大風把幾高山雪蓮的種子吹到了花園裡。花園其他地方都被水泥硬化了，只有兩棵樹下面有點土壤。種子們找到大樹，請求給它們一個容身之所。大樹高傲地說：「這是不可能的事，這裡是我的地盤，主人天天給為施肥，我腳下的土壤很肥沃，你們休想在這裡生長。」其實，大樹是怕有一天種子們開出鮮豔的花朵，搶走了自己的風頭。

看著大樹強硬的態度，種子們只好去找那棵矮樹商量。矮樹滿口答應說：「和你們相處是我的榮幸，你們過來吧！」就這樣，雪蓮們在矮樹根下居住了。

幾星期後，種子們破土而出，開出了鮮豔的花朵。那些花香能夠飄到幾公尺外的地方。一天，花園的主人聞香而來，發現了那幾朵雪蓮。他欣喜若狂，拿出最好的肥料照顧那些花，又到幾公里外取來乾淨泉水澆灌。漸漸地，矮樹也從中得益，長得越來越高。有一天，超過了那棵大樹。它時時感恩，用自己的葉子給花兒遮擋陽光。再看看那棵大樹，現在雖已是盛夏季節，卻只剩下歪歪曲曲的枯枝，因為無人照料，早已經枯死了。

「你對別人的態度，永遠都決定了你自身的高度，如果你覺得他們很笨的話，你可以用你的聰明去鼓勵他們，幫助他們，然後大家一起努力，這樣你得到的不僅僅是一種別人對你的尊重，更是一種高度，一種你從來就沒有體驗過的快樂。孩子，不管什麼時候，都要記住要謙虛的為人處世，這樣你就能獲得一種別人敬仰而又高不可及的高度。」

給家長的悄悄話

我的朋友從國外回來後，便打電話約我出去聚聚，朋友已經一年多沒有回過家了，他跟我講了許多國外的見聞後，便又給我出了一道難題。他們家臻臻，在沒有他的嚴加管教的一年中，完全變了一個人，染上了一大

堆壞習慣：做事魯莽，回答問題從不經大腦，想說什麼就說什麼，也變得驕傲自大，到處吹噓她爸爸在國外怎麼怎麼的，從不把別人放在眼裡，鄰居家的孩子盼盼說好久都沒跟臻臻玩過了，因為她太自以為是了。我朋友真不知道該怎麼說，一年時間沒見全變了，他說他都不知道她媽媽是怎麼管教孩子的。

我笑了笑對朋友說，「是你把自己的孩子管得太嚴了吧，上個月臻臻還來我家做過客，我看她挺有禮貌的。」

「在你家，那是逢場作戲。真的變了，我可不想教出這樣的孩子拿出去被人取笑，你幫我出個主意吧。」

「你別害我了，我已經夠命苦的了，我家佳佳比你們家臻臻還瘋，我現在也管不了了。你還是饒了我吧。」

「好，不把我當哥們，再怎麼說臻臻也是你的乾女兒，這件事你看著辦吧。」朋友舉著酒杯，看著我。但是我確實沒有什麼行之有效的方法。於是我便向朋友找出了幾個針對孩子自大魯莽問題的小故事。讓他回家從他女兒身上好好找找，有則改之，無則加勉。

- 過度溺愛，看看這個故事就知道了。

  在一個蟻穴中，住著許多小螞蟻，豔豔蟻后最寵愛一個叫玲兒的小螞蟻，玲兒想做什麼，蟻后就讓牠做什麼，漸漸的，小螞蟻玲兒變得驕傲自大起來。

  有一天，蟻后讓小螞蟻們去自己覓食，可是就不讓玲兒去，和牠說外面有多危險、多麼可怕，一不小心就會喪命的！可是玲兒不聽，急急忙忙跟其他同伴一起去覓食，蟻后很擔心，生怕玲兒在外有什麼閃失。

走著走著，玲兒因為經常不運動，所以走了沒多久就感到很累，找到一塊石頭，在石頭上睡著了，大家找不到玲兒，只好垂頭喪氣地回去了。

一直到了下午玲兒才睜開了眼睛，看見一隻兔子擋在自己面前，就喊到：「知道我是誰嗎？敢擋路？」兔子讓開了，沒有和玲兒斤斤計較。

玲兒獨自走呀走，看見一隻老狼，心裡想：現在我要為我們家族出口氣！然後走上去說：「走開點，別擋我的路！」老狼說：「個子不大，口氣不小！」說完就頭也不回地走了。小螞蟻忙追上去，狠狠地咬了老狼一口，老狼氣急敗壞地亂踩腳，小螞蟻就這樣死在老狼的腳下。

- 聽不進別人的批評，總以為自己是對的，可以和他講這個故事。

一次畫家正在畫展上評議作品，一位鄉下老農上前對他說：「先生您這幅畫裡的鴨子畫錯了。您畫的是麻鴨，雌麻鴨尾巴哪有那麼長的？」

原來畫家展出的畫，畫中麻鴨的尾羽長且捲曲如環。老農告訴畫家，雄麻鴨羽毛鮮豔，有的尾巴捲曲；雌麻鴨毛為麻褐色，尾巴是很短的。

畫家接受了批評，並向老農表示深深的謝意。

- 目中無人，妄自尊大，可以用這個故事告誡他。

一隻狼徘徊在山腳下，落日的餘暉使牠的影子放得特別長。

看著自己的影子，牠得意洋洋地對自己說：「我有這麼大的身體，幾乎大到一畝田那樣大，為什麼還怕獅子？難道我不該被稱為百獸之王嗎？」

正當牠沉醉於其中時，一頭獅子向牠撲來，將牠咬得快死了。

此時狼悔恨不已，大聲喊道：「我真不幸啊！是狂妄自大毀滅了我。」

◆ 錯了也不肯認錯，不肯低頭，可以用這個故事激勵他。

班傑明．富蘭克林被稱為美國之父。在談起成功之道時，他說這一切源於一次拜訪。

在他年輕的時候，一位老前輩請他到一座低矮的小茅屋中見面。

富蘭克林來了，他挺起胸膛，大步流星，一進門，「砰」的一聲，額頭重重地撞，在門框上，頓時腫了起來，疼得他哭笑不得。

老前輩看到他這副樣子，笑了笑說：「很疼吧？你知道嗎？這是你今天最大的收穫。一個人要想洞察世事、練達人情，就必須時刻記住低頭。」

朋友聽了以後笑著說：「你還是沒有變，還是用你生動的故事來引導孩子，我記住了，如果搞定了，下次一定請你吃飯。」

親子加油站

記得優化孩子自大魯莽的性格，也不要讓孩子過於謙虛，過於謹慎。

過於謙虛的孩子容易出現的問題

1. 讓人覺得虛偽，缺失朋友。
2. 容易被人拒絕。不懂得張揚自己的個性，則別人往往看不到其特質。
3. 過於謙虛最後就會讓孩子走向自暴自棄。

過於謹慎的孩子容易出現的問題

1. 容易安於現狀，常常會勞力傷神。
2. 性格變得猶豫不決，不敢冒險，機會容易錯失，考慮事情太過全面，做事容易畏首畏尾的。
3. 不敢創新，缺少霸氣，難以進步。

第四章

打開通往活潑開朗之門

有一隻叫「孤僻」的狗，無意中闖進了一間舞蹈教室。教室的四壁都鑲嵌著玻璃鏡子，照映出無數個牠自己的樣子。

看到這麼多狗突然同時出現，這隻叫孤僻的狗大吃一驚，牠本能地退縮了一下，齜牙咧嘴，發出陣陣低沉的吼聲。鏡子裡所有狗也不約而同地退縮了一下，一個個齜牙咧嘴，而教室裡也響起了狗吠的回聲。

這隻孤僻的狗開始驚慌失措起來，牠抗拒著、掙扎著……牠在教室裡亂蹦亂跳，越來越瘋狂……直到牠因為體力透支和絕望而昏迷過去。

我們或許以為孤僻最後會導致孩子過於自我，但是沒有想到的是失去了自我，連自己都看不清自己是誰，最後被自己所敗。

用愛的鑰匙打開孤僻的心鎖

「世界上沒有一朵鮮花不美麗，也沒有一個孩子不可愛。在任何一個孩子的心靈深處，都有著一個無限豐富而美好的世界在等待著我們去開發。」這句話告誡我們，我們要精心地培育著、呵護著、開發著身邊的花朵。但是後來卻發現孩子的心裡有一把鎖，把活潑開朗鎖在了裡頭。不管我們怎麼樣去培育、呵護、開發，孩子還是原封不動地緊閉著心門。這是一個為之苦惱的家長的來信：

我的女兒今年8歲了，從小就是一個性格開朗，天不怕地不怕的孩子，正是因為這個原因，在她6歲那年，因為調皮，被爸爸狠狠地揍了一頓，從那以後，孩子像完全變了一個人似的，變得乖巧、聽話。起初我還以為這孩子挺懂事，知錯就改。但是後來她變得越來越內向，常常把心事隱藏起來，從不和別人講，漸漸把自己封閉起來，不願和我們交流，也不願和朋友交往。性格變得很孤僻，但是可以看得出來，孩子的心裡很痛苦，孩子也渴望友情，渴望活潑可愛的性格，我和他爸爸也不止一次引導過孩子，可是她卻總是不願意出去和其他小朋友交往，孩子孤僻的性格會不會導致自閉症？我常常在夢裡夢見孩子變得呆呆傻傻的，夢裡常常聽到女兒在哭，自己也哭了起來。我現在該怎麼辦呢？

每次看完這位母親的信，心裡總是酸酸的，可憐天下父母心，不知道有多少父母也像這位母親一樣，夜夜在夢裡為孩子哭泣。對於這位母親的來信，我提供了幾個建議：

首先，你也不必驚慌，孩子現在只是性格上孤僻，並沒有得上自閉症。只要你們鎮定下來，按照下面幾點意見用心地引導，完全可以讓孩子走出孤僻的陰影。

- 找出原因。孩子從活潑開朗轉向孤僻，是因為她的父親那次過於嚴厲的批評和懲罰，至今孩子都還未走出那個陰影，所以要注意教育方式，既不能過於溺愛，也不能過於嚴厲。為孩子營造一個溫馨、和諧的家庭環境，這樣孩子就會在愛的關懷下，漸漸從陰影中走出。平時可以多給孩子一些撫慰。
- 擴大孩子的社交圈子，要盡可能地創造條件讓孩子與同伴多交往。例如：可利用節日假日多帶孩子到公共場合玩樂或常帶孩子拜訪親友；也可請孩子的朋友到家中來和孩子一起玩。在這些活動中，有意識地增加孩子與人交談的機會，讓她感受到與人交往的快樂。
- 積極與學校取得溝通，在學校和家裡對孩子進行雙管齊下的引導，可以請老師平時多注意自己的孩子，多關心她，多與她交談，多讓她參加群體活動，多讓她創造表現自己的機會，讓她體會到群體的溫暖。
- 發揮同伴的作用，幫助孩子選定一個活潑、開朗，有一定領導能力的好朋友，讓孩子在自己好朋友的影響下，積極地改變其性格的特點。

- 幫助孩子建立良好的夥伴關係。孩子孤僻、不合群，有時是由於不能聽取他人的意見，缺少合作觀念造成的。因此，要幫助孩子改變以自我為中心的心態，學會聽取小朋友的意見，分清是非。如：家長可以經常詢問孩子是否玩得開心，了解他們玩遊戲的情況，肯定孩子的正確方法，提出孩子的不當行為，如果朋友做錯了什麼，要學會諒解別人。
- 可以讓孩子多看一些活潑開朗的電視節目，多和孩子講一些開心的小故事，多聽一些節奏歡快的歌曲，讓孩子真正從心靈上走出孤僻的困境。

小叮嚀

要注意造成孩子性格孤僻的原因，發現孩子有類似情況，及時做好引導：

1. 個人氣質的影響，先天適應性弱這主要來自於遺傳，所以家長必須得在孩子面前注意自己的言行舉止。
2. 幼年不幸的經歷。根據調查顯示，父母離婚、吵架是威脅孩子心理健康的最大殺手，所以要注意為孩子營造一個溫馨和諧的家庭氛圍。
3. 缺乏交際技能和方法，導致人際社交的挫折。許多兒童不能與他人正常交往的原因，是因為他們在生命的早期沒有學會基本的社會交往技能，從而也不能以正常的方式和別人交往，所以家長應該注意對孩子早期交際技巧做一些計畫性的引導與教育。
4. 撫養教育不當如家長對孩子過度溺愛或過度嚴厲的教育方法。比如：當孩子哭鬧不願去幼兒園時，父母就依從孩子的要求，使孩子得不到群體生活的鍛鍊。

講個「貓咪不再孤僻」的故事

孤僻是一個無聲陰暗的世界，每個人都會出現孤僻的狀態，或短或長，短時間的孤僻是正常的，而長時間的孤僻就會讓孩子的心靈世界變得陰冷、淡漠，缺乏熱情，充滿著猜疑、戒備、進而失去生命的活力，死氣沉沉地像一根木頭似的，被人們遺忘在某個角落裡。

孤僻是遺忘的開始，而每個人都希望自己能成為焦點，所以給孩子築起一堵規避孤僻性格浸染的防火牆，成為了現在父母的重要工作。但是防火牆畢竟不是萬能的，孤僻的性格弱點像病毒一樣，無體不侵。我朋友的寶貝女兒，現在也被病毒感染了：

朋友的女兒曉潔，一直都是我女兒及其同輩小女孩們嫉妒的對象，貌若天仙，家庭富裕，天資聰穎，學業成績也突出。但是朋友說，你們可能不知道同學們不喜歡她，因為她的臉上總是帶著一種既驕傲又得意的微笑，平時總有一種高高在上的優越感，不願參加群體活動，不願與別人來往，常常獨來獨往。與人來往時總是以教訓的口氣說話，令人難以接受，別人也不願與她接觸。她沒有朋友，時常感到孤獨，為了排遣心中的寂寞，常常寫日記、畫畫或做一些令人難以理解的事。稍有不如別人的時候，就會妒性大發，口出狂言把別人貶得一文不值，有時甚至還會採取一些不適當的手段來維護自己的自尊和虛榮。常常不虛心接受老師的批評而粗暴地頂撞老師。

我朋友苦惱地說：「家家都有本難念的經呀，沒想到她也染上了孤僻。你看看能否幫我裝個『防毒軟體』。」

貓爸爸和貓媽媽有個可愛的女兒，叫小貓咪，可是小貓咪的性格很孤僻，而貓爸爸、貓媽媽是熱心腸的人，家裡經常有來來往往的客人，而小貓咪見有客人來後，只是過去打個招呼，然後就又獨自玩去了。

一天，猴爸爸、猴媽媽和小猴藍藍來到小貓咪家做客。貓爸爸和貓媽媽都熱情招待，正由於貓爸爸和貓媽媽的熱情招待，談得合不攏嘴，而小貓咪只過去說聲：「猴大伯，猴大娘，你們好。」就獨自去玩玩具去了，連小猴藍藍也不理睬。這時，小猴藍藍過來對小貓咪說：「我可以跟你一起玩嗎？」小貓咪很不情願地將牠的兩個玩具給小猴藍藍，並說道：「你要小心玩，這些是我媽媽幫我買的，如果弄壞了，你要賠我。」這時貓媽媽走過來溫和地說：「都是朋友，盡情玩吧，玩壞了也沒關係。」

不一會兒，只聽見小貓咪哭了起來，貓媽媽、貓爸爸、猴媽媽、猴爸爸聞聲趕來，只見小貓咪告狀，說是小猴藍藍欺負牠，還搶了牠的小汽車在地上玩。「嗚嗚……」小猴藍藍忙說：「其實不是這樣的，是我見小貓咪的小汽車很漂亮，想借玩一下，從小貓咪手裡拿過小汽車，小貓咪不願意，就自己在地上哭了。」貓媽媽急忙說：「你看你，還是那麼小氣，以後還有誰會跟你一起玩呢？」

每次小貓咪在家玩膩了，就跑到貓奶奶家那裡，聽奶奶和牠講故事，玩奶奶給牠縫製的布娃娃，由於奶奶行走不方便，只能待在家裡和小貓咪講故事，每次講故事，有小朋友們來約牠出去玩，牠都說：「我正在聽奶奶講故事呢，我不去了！」久而久之，小朋友們也不來約牠玩了。

晚上，牠躺在床上翻來覆去地怎麼也睡不著，牠忽然感到自己好孤獨，連個玩的朋友都沒有，牠傷心地哭泣起來。

第二天早上起來，牠匆忙地和爸爸媽媽打過招呼後，就出去想找朋友們玩，可是走了好久，都沒有看到一個朋友。正打算洩氣回家時，突然，看到不遠處小白兔正在玩球，牠可高興了，就跑過去對小白兔說：「兔妹妹，我可以跟你一起玩嗎？」

小白兔歡快地說：「可以啊！」正當牠們玩得高興的時候，小豬黑黑也過來說：「我可以玩嗎？」而小貓咪卻帶著懷疑的眼光圍著小豬黑黑轉著說：「你這麼笨手笨腳的，會傳球嗎？」而小豬黑黑每次傳球都用力過大，以至於小貓咪連一個球也接不到，這時牠就更生氣了，說道：「你這豬腦袋，嘴巴翹頭上，用這麼大的力，是不是故意針對我呀？」

小豬為難地說：「不是的，不是的。」小白兔忙解釋說：「既然小豬的力氣大，就讓牠退後一點，不就可以接到球了嗎？」小豬黑黑也說：「是啊，是啊！這樣你就可以接住我的球了。」於是，牠們又玩了起來，這時，小熊灰灰也走過來，也說想與牠們一起玩，可是每次都是小貓咪嫌這嫌那的，不是說小熊動作太慢，就是說大夥們故意針對牠，讓牠接不了球，於是大夥們說：「既然你要求這麼完美，那你自己玩吧！」這時只見草坪上只剩下小貓咪一個人了，這時候，牠意識到自己的錯誤，於是牠下定決心，明天一早，向大家道歉，請牠們原諒自己，想到這，牠心裡舒暢了許多，於是回家去了。

第三天，小貓咪正打算對昨天的事向大家道歉，可是大家早已不記得此事了，同時也原諒了牠。這時，小貓咪主動對大家提議說：「我們大家一起玩遊戲吧！」這時，小猴藍藍、小狗花花也都跑了過來，於是大家提議玩捉迷藏。大家一致推薦小貓咪去找牠們，而小貓咪這回也樂意地答應了，不一會兒，只見大家都藏好了，小貓咪也信心十足地走向草叢裡，因為牠已經看見了小狗的尾巴在草叢裡擺呀擺，牠心裡開心地想：「小狗藏起來也會露出馬腳，哈哈，我來抓你了！」正要捉住的一剎那，小狗和大家們從不遠處跑了出來，說：「我在這裡呢！」而小貓咪手裡捉住的只不過是一根狗尾草，害得牠尷尬起來，這也難怪，由於牠很少出來玩，所以見識不多，連狗尾草跟狗尾巴都分不清楚。

從那以後，小貓咪再也不孤僻了，反而越來越快樂，因為牠敞開了心扉，也交到了許多的朋友。漸漸地，牠明白了一個道理，朋友間應互相包容、彼此忍讓，以真誠相待。

備選故事任你挑

心態是世界上最神奇的力量，所有性格的形成都與心態息息相關，孤僻的性格也是消極的心態從中作梗而形成的，所以只要我們讓孩子帶著開朗樂觀的心態，孩子就能變得活潑開朗，人見人愛。但是我們也知道每一種心態的調整都像是一次高度的攀登，不僅僅需要我們去為孩子準備一些登山的工具，更需要孩子們的毅力和堅持。孩子們的毅力與堅持從哪裡來呢？來自於我們能夠不厭其煩地給孩子一個個意味深長的故事的教導。

告訴孩子有一種神功可以刀槍不入

記得小時候特喜歡看《多情劍客無情劍》，因為那裡面有一種讓我瘋狂迷戀的刀槍不入的神功——「鐵布衫功」。

母親每次見我練這種神功時，就笑我不切實際，喜歡幻想一些不存在的東西。於是我便反駁母親說：「世界上真的有刀槍不入的神功，有朝一日我練成了，我就可以成為保家衛國的大將軍了。」母親知道我喜歡幻想，於是沒跟我爭執，就任由著我跟著電視上練，笑著對我說「記得不要走火入魔就行了」，我也模仿著大俠的口氣說，「母親大人，我一身正氣，是不會入魔的。」

如今腦海一旦回想起這個場景就會傻笑自己一番。但是令自己意想不到的是，一次女兒無意中也問起我一個很相似的問題，「爸爸，世界上有刀槍不入的神功嗎？」

我不想把孩子想像的翅膀折斷，於是便說「肯定有，物質世界裡或許沒有，但是精神世界裡一定有。」

女兒似乎不敢相信地問：「比如說？」

「還記得小范 6 歲之前嗎？」

女兒疑惑地看著我，「他以前就是一個孤僻的孩子，因為他爸爸媽媽很少在家，常常一個人待著，很少交流，於是說話表意不通，甚至有些口吃，正是因為這個神功，讓小范天天跑來家裡跟你玩，改變了他孤僻的性格。」

有個女孩生性膽怯。她有些口吃，其實並不算嚴重。但她長期生活在孤僻性格的陰影之中，腦海時時浮現老師輕蔑的眼神和自己在課堂上的尷尬場面，耳畔時時響起同學們的嘲笑聲，長此以往，她的缺陷在緊張的情況下表現得越明顯。

她的聲音很好聽，她的理想是當廣播員或演講家。有時在準備很充分的情況下，她的表現非常好，幾乎聽不出她的缺陷。如果她主動告訴別人，別人會顯出很驚訝的表情，說：「不會吧，我怎麼沒聽出來呢？你演講得很不錯啊！你在重要場合是怯場吧？」事實上，每當她站在演講臺上時，面對臺下觀眾就會控制不住自己，變得結結巴巴。因此，她錯過了很多發展的機會，內心非常痛苦。

後來，在朋友的引薦下，她去拜訪一位成功的長者。她把內心的苦惱傾訴給那位長者，然後懇求道：「您是我認識的人中最有才智的一位。您可以給我指條成功的路嗎？」長者微笑地聽著，鼓勵說：「對自己說，我可以。」

女孩猶豫了一下，緩緩開口說：「我可以。」

長者說：「用心再說一遍。」女孩頓了頓，大聲說道：「我可以！」長者說：「再來一遍。」突然，女孩用勁大喊了一句：「我可以！」

此後，那個女孩終於克服了自己的缺陷，屢屢在學校的演講比賽中獲獎，學業成績扶搖直上，最終如願以償地考取了傳播學院，成為了著名節目主持人，實現了自己的理想。

「這就是精神世界裡，刀槍不入的神功，誰都可以練，誰都能練成，一個人想要得到別人的認可就得先讓自己認可自己，不要輕易否定了自己的能力，這樣就能走出孤僻，擁有更多朋友。神功就像奇蹟一樣，只有你去相信它，它才會存在，所以無論什麼時候，你都應該使自己記住『我可以』的神功口訣。」女兒聽了我的解釋雖然臉上還是有一絲的不服氣，但是她還是認可了這套神功。

告訴孩子有一種祕訣可以永遠快樂

女兒常常埋怨自己的週末生活不夠豐富，天天埋頭在家，無所事事，雖然沒有跟我說起，但是女兒心裡是藏不住事的人，她的 Line 個性簽名上就這樣寫著「我要抓狂了，週末又到了，又要被宅死了……」

看到女兒的個性簽名，我常常叫她週末出去玩玩，她說沒有時間，好不容易等到兩天可以「一網情深」的機會，怎麼能放過呢？後來我發現，女兒週末深陷網路，慢慢也變得孤僻起來。但是該怎麼跟她說呢？我想了一些辦法。於是便再去申請了一個 FB 帳號，把女兒加為好友，但是女兒卻拒絕加我為好友，這個辦法失敗了，於是我就用我的 Line 傳給她一個故事：

一個年輕人整日憂愁不已，他足不出戶，常常把自己關在臥室裡，但是每次隔窗看見外面的人，個個整天歡聲笑語，心裡又很羨慕，自己也想快樂起來。但是無論怎麼樣，也快樂不起來。於是他決定出去問問他們快樂的祕訣是什麼。因為他認為只要能找到快樂的祕訣，自己以後就可以跟他們一樣天天歡聲笑語了。

於是他出去尋找快樂的祕訣。

但他請教了許多人，大家都是搖搖頭說:「我們雖然每一天都很快樂，但卻從來沒有什麼祕訣。」

有一天，年輕人在一個竹園旁遇到一個樂觀的篾匠。篾匠一邊輕鬆地劈著竹篾，一邊快樂地歌唱著，偶爾也會停下來，快活地對著竹園深處的鳥兒們模仿一串串鳥兒的清脆叫聲。

年輕人想，這麼樂觀的人，一定會知道快樂的祕訣的。於是他問篾匠說：「師傅，你這麼快樂，一定知道快樂的祕訣是什麼吧？」

「快樂的祕訣？」篾匠笑著說，「我當然知道，如果不知道，我能這麼快樂嗎？」

年輕人一聽，十分高興，忙向篾匠求教說：「師傅，你能把快樂的祕訣告訴我嗎？」

篾匠說:「可以啊！」說著，篾匠提起篾刀乒乒乓乓砍倒了一棵竹子，把竹子遞給年輕人說：「年輕人，笛子就是用竹子做的，你能用這根竹子吹出好聽的曲子嗎？」

年輕人十分為難地說：「笛子是用竹子做的，但竹子怎麼能吹出動聽的曲子呢？」

篾匠說：「其實這很容易。」說著，便在竹子上鑽出了一排小孔，又俐落地打通了竹節裡的薄薄竹隔，說：「只要打通這些竹隔，竹子就變成笛子了。」說著便用竹子吹出了一曲曲動人的歌曲。

年輕人看著吹笛子的篾匠，不解地問，「師傅，做笛子和吹笛子和快樂的祕訣有什麼關係呢？」

篾匠說：「當然有的，笛子就是快樂的祕訣。」

見年輕人越不理解了，篾匠只好放下笛子解釋說：「竹子之所以吹不出曲子，那是因為每節竹節裡都有竹隔，內心裡不能通暢，所以吹不出快樂的曲子。但如果你能把竹節裡的竹隔打開，讓竹子內心通暢，讓風可以順利地從這端通向那端，那麼沉默的竹子就可以成為快樂而動人的笛子了。」

年輕人想了想說：「你的意思是要把自己的心靈徹底打開，不留一點心隔地與別人交往，這就是快樂的祕訣嗎？」

篾匠高興地點了點頭說：「對，沒有了竹隔，沉默的竹子可以成為快樂的笛子。」沒有了心隔，那麼你的心靈就能注滿溫馨的風和明亮的陽光，那麼心靈就能吹奏出比歌曲更美好的快樂了。

不一會兒，女兒發給我一個問號。

「不是快要被宅死了嗎？不是不快樂嗎？要想不被宅你就得出去透透氣，只要一透氣就快樂了。」我加了一個得意的表情發過去給女兒。

女兒回了一個害羞的表情，隨後便出去了。

告訴孩子怎樣才不會做井底之蛙

坐井觀天的故事想必大家都和孩子講過了，但是怎麼才能讓孩子不做井底之蛙呢？

問問孩子，世界上最孤僻的是什麼？

如果孩子回答不出，你可以告訴他這個故事：

一口廢井裡住著一隻青蛙。有一天，青蛙在井邊碰上了一隻從海裡來的海龜。

青蛙就對海龜誇口說：「你看，我住在這裡多快樂！有時高興了，就在井欄邊跳躍一陣；疲倦了，就回到井裡，睡在石頭邊；或者只露出頭和嘴巴，安安靜靜地把全身泡在水裡；或者在軟綿綿的泥漿裡散步，日子愜意舒適。看看那些蝦和蝌蚪，誰也比不上我。而且，我是這個井裡的主人，在這井裡極自由自在，你為什麼不常到井裡來玩呢！」

那海龜聽了青蛙的話，真想進去看看。但牠的左腳還沒有整個伸進去，右腳就已經絆住了。牠連忙後退了兩步，把大海的情形告訴青蛙說：「你看過海嗎？海的廣大，何止千里萬里；海的深度，哪止千來丈。古時候，十年有九年發大水，海裡的水，並不曾漲多少；後來，八年裡有七年大旱，海裡的水，也不見得淺了多少。可見大海是不受旱澇影響的。住在那樣的大海裡，才是真的快樂呢！」

井蛙聽了海龜的一番話，吃驚地呆在那裡，再沒有話可說了。

孩子這時肯定知道世上最孤僻的就是井底之蛙，那怎麼樣才能讓孩子不做井底之蛙呢？可以告訴他們孤僻起來就會像井底之蛙一樣被人取笑，如果孩子還是聽不進你的話，那就再和孩子講一個故事：

一隻蜘蛛在山林裡結了一個蛛網，牠在這個蛛網上生活得相當好，便認為自己的蛛網是世上最美妙的，自己的生活也是世上最美好的。

有一天，蜘蛛看見一隻蝴蝶，牠興高采烈地招呼蝴蝶到牠的這個蛛網邊來參觀。當蝴蝶來到蜘蛛的面前，蜘蛛得意洋洋地向蝴蝶炫耀自己的蛛網與生活是多麼美妙絕倫。

蝴蝶說道：「你可知道那巍峨壯麗的高山，是多麼雄偉壯觀；你可知道那一望無際的大海，是多麼博太壯美；你可知道那廣袤無垠的藍天，是多麼神奇絕美！」

蜘蛛感嘆道：「世上難道真有那麼多美妙神奇的地方？我怎麼沒發現呢？」

蝴蝶說道：「你總是囿於生活在自己小小的圈子裡，你怎麼能發現天地的絕美、世界的壯麗呢？」

孤僻只會讓自己囿於自己的小圈子裡，看不到外面的世界有多美好，問問孩子是否願意出去看看外面的世界，把外面世界的美好告訴孩子，孩子就會去憧憬，只要孩子走出去了，就能擺脫孤僻的陰影。

告訴孩子孤僻的危害

朋友的女兒璐璐是一個性格內向的孩子，平時比較安靜，即便我們大家一起出去玩，她也是一個人獨來獨往的，除非有人主動去找她玩，但是也有些害羞。璐璐在學校的表現一般，聽老師的話，從不侵犯別人，偶爾受到別人的侵犯時也很少還擊。她從不敢在眾人面前發表自己的意見，上課被老師問問題，哪怕再簡單的問題，也從不開口，在班上成了一個可有可無的人，顯得非常孤立。由於學業成績一般，在音樂、美術、體育方面也沒有什麼特長，她覺得自己處處不如人，不管班上有什麼樣的活動，她都顯得很被動。自然也沒有談得來的朋友。為此我朋友絞盡腦汁，找他朋友的孩子幫忙，或自己主動勸阻，一時有效，但是過後又恢復原狀了。

於是我朋友對我說：「你太忙了，不到萬不得已，我是不會打擾你的，你看今天能否幫我出點子，我找你家佳佳陪她玩過好幾次了，但是也不見效。」

「孩子是因為不懂得孤僻性格帶來的危害，所以她覺得孤僻起來也沒有什麼不好，與世無爭，誰都不妨礙誰。你女兒跟你像是一個模子刻出來的。」我取笑著朋友。

「看來你還真的不忙，這時候了還有心情開玩笑，早知道我就應該找你來了。」朋友埋怨著。

「孤僻的性格一旦形成了，是需要慢慢引導才會有所改觀的，著急也急不來，既然現在對孩子做了這麼多引導了，都不見效，你就應該告訴她這樣一個故事。」

尼克是一家肉類加工廠的職員，他在工廠可以說是個可有可無的人，甚至沒有幾個人知道他的名字，因為他的性格過於孤僻，每天除了來上班，早上應付地說聲早安之外，不會跟別人多說一句話。即便別人問他，他也是吞吞吐吐地回答著。

一天，下班後，他還在清理一個待修的大冰櫃，其他員工都相約去參加公司組織的一個 Party，因為他每一次都是自己一個人去，而且常常不去，所以員工都沒有約他，以為他回家了，所以順手把冰櫃的門關上了，尼克被關在了裡面，但是尼克以為還能開，就繼續清理，一會兒等員工們都走了，他用力地推冰櫃門都推不開了。因為剛好冰櫃的門壞了。他叫了幾聲，但是誰都聽不到，因為此時工廠已經沒有人了。

尼克一個人在冰櫃裡想盡了一切辦法都不能把冰櫃門打開，此時他沮喪地坐在冰櫃的角落裡。他越想越害怕；冰櫃裡零下十幾度，要是等第二天同事上班的時候來開門，自己會凍得的像冰櫃裡的冷凍豬肉一樣……

第二天，冰櫃維修員來了，打開冰櫃的門時，人們發現尼克蜷縮在冰櫃的角落裡，已經死了。大家很驚訝，因為冰櫃壞了，根本就沒有製冷功能，裡面有十幾度，也不缺氧，可是尼克卻被「凍」死了！

「告訴孩子孤僻的性格帶來的是一種陰森恐怖的死亡，本來可以活下去了，但是因為他太孤僻了，看不到希望，看不到朋友會在乎他的生命，所以便這樣被孤僻給『殺害』了。」朋友聽了後說：「這次嚇嚇她肯定會見效的。」

「不，這不是嚇唬她，而是要讓她看到孤僻的危害，如果還不行的話，你可以製造一些孤僻的挫折讓她體會到孤僻的危害，她就會嘗試著去改變。」

給家長的悄悄話

一天，我接到一位家長的電話，家長焦急地說：

我兒子在幼兒園裡與別的小朋友表現不一樣，當別的小朋友一起玩遊戲打鬧時，他總是自己一個人在一邊玩。老師提問時他也不舉手，偶爾被老師叫起來了，也是像蚊子一樣聲音小小的。可是他在家裡卻是有說有笑的，特別喜歡和奶奶在一起。聽說這樣的孩子很容易得自閉症，我想問問您，自閉症的表現症狀是什麼？

我是這樣回答的：

「您別著急，孩子並沒有得自閉症，他只是一個性格內外兼有的孩子，在家裡表現得很外向是因為他沒有心理障礙，而在學校因為他始終沒有把這種人心靈打開，所以一直都有很多的猜疑，無法和大家打成一片。至於你說的自閉症的症狀，主要有這些：

- 極度孤僻，不能與他人發展人際關係，就這點而言您的孩子還沒有達到這個程度。
- 言語發育遲緩，失去了用語言進行交往的能力。
- 重複簡單的遊戲活動，並渴望保持原樣不變。
- 缺乏對物體的想像能力和靈巧的運用能力。
- 發病多數在 3 歲以前。

「從這幾點來看您的孩子沒有自閉症，孩子只是帶有孤僻的性格而已，您可以按照以下的方法嘗試一下，看看是否對孩子有效：

「首先，針對您的孩子的情況，應該盡早打開孩子的心結，讓孩子毫無顧慮地與小朋友們快樂誠心交往，告訴孩子小朋友們其實也是很友善的，只要能和其他小朋友交上朋友，在幼兒園裡也可以像在家裡一樣開心。

「其次，讓孩子多參加一些群體活動，多與陌生孩子接觸。

「最後，指導性地給孩子多交往一些朋友，比如和朋友的子女一起玩等。

「總之要盡可能打開孩子的心結就好，只要打開了心結，孩子就會把幼兒園當成家一樣。」

親子加油站

活潑開朗、性格樂觀的孩子，是討人喜歡的，但是要注意對過於樂觀的孩子進行優化：

過於活潑開朗的孩子會怎麼樣？

1. 容易冒進，不懂得拿捏分寸；
2. 情緒容易波動，陰晴無常；
3. 做事常常半途而廢；
4. 責任感相對較弱；
5. 思考問題過於簡單、膚淺；
6. 交友雖然多，但是缺乏深交，而且可能會誤交損友；
7. 內心世界不夠豐富，缺乏毅力。

總之，還是一個字「度」，無論什麼時候都不應該忘記，要看到性格的一體兩面，把孤僻性格的好處留下，不應該有徹底改變一種性格的觀念。

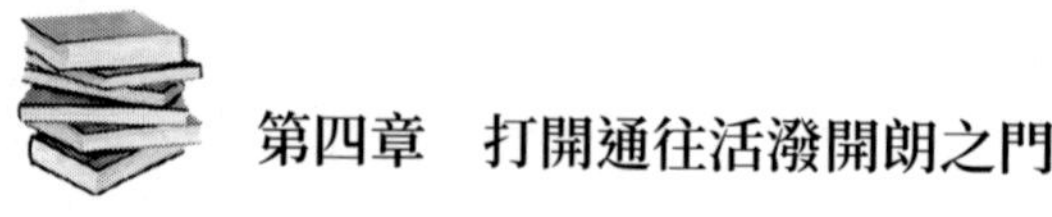

第五章

開啟平和穩重的窗

有一個小孩，很喜歡研究生物，很想知道蛹是如何破繭成蝶的。

有一次，他在草叢中看見一隻蛹，便取了回家，日日觀察。幾天以後，蛹出現了一條裂痕，裡面的蝴蝶開始掙扎，想抓破蛹而出。艱辛的過程達數小時之久，蝴蝶在蛹裡辛苦地掙扎。小孩看著有些不忍，想要幫幫牠，便拿起剪刀將蛹剪開，蝴蝶破蛹而出。但他沒想到，蝴蝶掙脫蛹以後，因為翅膀不夠力，根本飛不起來，不久便痛苦地死去了。

每一種美麗，都是像破繭成蝶一樣，需要一個慢慢掙脫的過程。人不可能急於求成，也不可能一步登天，所以飯還是要一口一口地吃，路還是要一步一步地走。

讓急於求成的孩子跟蝸牛散步

急於求成，恨不能一日千里，往往都事與願違，沒有幾個人不知道這個道理，我們也屢次告知孩子，但是孩子卻總是不能在事情發生在自己身上的時候放慢腳步。其實歷史上的很多名人都曾犯過這樣的錯誤，但在錯誤之後便悟出了成功的真諦。

宋朝的朱熹是個很聰明的人，他十五六歲就開始研究禪學，然而到了中年之時才感覺到，速成不是創作良方，必須經過一番苦功後才能有所成就，最後他便以二十字真言對「欲速則不達」作了一番精彩的詮釋：「寧詳毋略，寧近毋遠，寧下毋高，寧拙毋巧。」這也是我們養兒育女放諸四海而皆準的金玉良言。

下面便是一個急於求成孩子的母親寫來的一封信：

我的兒子，跟他爸一個樣，急性子，碰到不如意的事情馬上激動不已，如熱鍋上的螞蟻，想達到某個目的，沒做好準備就開始行動，由於無計畫、急於求成，常常心理不穩定，結果達不到目的。第一件事因急躁失敗了，往往又更加急躁地去做第二件事，常常造成「忙中生亂」、「殃及他人」和「欲速則不達」的不良結果。對他的教導也從來就沒有少過，但是他始終說：「江山易改本性難移，我看這是改不了，我爸改了一輩子還不是一樣。」我常常都無言以對。現在我該怎麼辦呢？

對於急於求成的孩子，不妨叫他「牽著蝸牛出去散步」：

有一個性格急躁的年輕人，因為每一次急於求成反倒屢試屢敗，最後他向天哭訴道：「上天呀，為什麼要這樣折磨我呢？為什麼要生出我這樣性格的人來？上帝呀，你救救我吧！」

上帝果然出現了，告訴他只要他能完成一個任務，他的性格就可以改變，那就是牽著蝸牛的手，出去散步。

年輕人哭訴道：「你就別折磨我了，我能牽著蝸牛的手出去散步，我也不用來求你了。」

上帝嘆了一聲氣：「既然你不想做，那我也救不了你，回去吧，孩子！」

他似乎感覺到上帝不是騙他的，於是他便問：「如果我牽著蝸牛的手散步了，你能答應我把我急躁的性格改變嗎？」

上帝笑了起來，說「君子一言，駟馬難追，要不和你打勾勾？」上帝伸出小指示意著。

「那我就相信一次，那我要跟蝸牛散步多長時間？」

上帝見年輕人還是那樣的急躁，於是便搖了搖頭，「好吧！你就牽著牠的手，在這個花園裡繞一圈，你的性格就可以改變。」

「君子一言。」那人看了看這個小花園，於是便立志要走完它。

「駟馬難追。」上帝說完便把蝸牛放到他的身邊，笑著離開了。

他拉著蝸牛的手，本想快點大步走，可是蝸牛總是一小步一小步地挪，他跟蝸牛說：「老兄，麻煩你走快點，幫幫我好嗎？」

蝸牛用抱歉的眼光看著他，說：「人家已經盡了全力了，我也想幫你，我也想走快點，因為上帝也答應我，只要我跟上你的節奏，我就能成為蝸牛國的國王。」

年輕人拉著蝸牛，扯著蝸牛，甚至想抱著蝸牛，他看到蝸牛流著汗，喘著氣，往前爬。嘆了口氣道：「真奇怪，為什麼上帝叫我牽一隻蝸牛去散步？讓別人看見了，多丟人呀！」

「上帝啊！為什麼要我牽著蝸牛散步呢？」

上帝早已經離開了，沒有回答他。

「算了吧，上帝都已經走了。」他想著便想放手，蝸牛卻緊緊握住他的手，示意著他去看花園的風景。「如果你嫌我走得慢，為什麼你不放慢你的腳步來欣賞花園的美景呢？」

他被蝸牛的話打動了，蝸牛一直努力地爬著，而他跟在牠後面看著花園的美景，他從來就沒有看過這麼美麗的花園，露珠晶瑩剔透得像珍珠一樣引誘著自己駐足，花香沁脾讓他久久不願離開……他想，為什麼我以前從來就沒有看過這樣的美景呢？是因為自己從來就沒有認真下來慢慢地欣賞過它們，原來美是急不來的，需要慢慢欣賞才會發現的——他頓時悟出了這個道理。

「老兄，你怎麼走得比我還慢呢？快點，還有幾步就走完一圈了，我就可以成為國王了，你幫幫我吧。」蝸牛在一旁拉扯著他的手，他在認真地看著蜜蜂是怎麼採蜜的。聽到蝸牛的話，才知道已經快走完一圈了。便帶著眷戀陪蝸牛走了下去。

走到終點的時候，蝸牛消失了，他於是喊著上帝說：「上帝，為什麼蝸牛成為了國王，我還是我呢？」

「你已經不是原來的你了，你現在是需要蝸牛拉著你走的人了。去尋找你的成功，尋找屬於你的美麗人生吧，年輕人，祝福你。」在這一刻他徹底明白了，原來並不是上帝改變了自己，而是自己改變自己，而自己改變自己的方法卻是放慢腳步欣賞身邊的美麗，自己卻一直都沒有發現。

如果孩子跟蝸牛「散過步」都改不了急躁的性格的話，那麼以下幾點小建議，你也可以參考參考。

- **培養孩子的獨立性**：只要孩子能做的事情就不要包辦代替，多鼓勵孩子做有益的事情，並且告訴孩子不要怕失敗，以此幫助孩子形成獨立處世的能力。這樣，「不如意，不稱心」才不至於打垮孩子，還可以使孩子在「不如意，不稱心」中懂得急躁帶來的危害、提升分析問題、解決問題的能力。
- **為孩子營造良好的學習氛圍**：在孩子學習時，家長要盡量為孩子創造一個安靜的學習環境，不要給孩子產生急躁情緒的環境條件，家長應注重自身的修養，以身作則，為孩子克服急躁個性做出榜樣。
- **透過親子小遊戲訓練孩子專注力**：專注力是忍耐力的基礎，如果孩子的專注力好，自然容易有耐性。父母可多與孩子進行一些有助提升專注力的遊戲，例如「找不同」、「找錯誤」、拼圖遊戲、聽故事……讓孩子集中注意力，長時間專注做某一件事。
- **透過具體活動磨練孩子的韌性**：在孩子學習之餘，家長可以讓孩子練硬筆字、畫畫或陪孩子下棋等。在一筆一劃的練習中，在細緻觀察描摹中，在步步思考揣摩中磨練孩子的韌性。
- **透過分析急躁的後果，提升孩子克服急躁情緒的自覺性**：家長發現孩子產生了急躁情緒，就應馬上提醒或勸慰孩子，給孩子講些由於急躁而產生不良後果的故事，啟發孩子增強克服急躁情緒的自覺性，從而糾正孩子急躁的個性。

總之，糾正孩子急躁的個性不是一朝一夕就可取得成效的事，需要家長耐心而不斷地努力。

小叮嚀

應該注意形成孩子性格急躁的原因，在平時教育子女的時候做到防微杜漸，以身作則：

1. 有的家長，事無大小，事事都要代替孩子去做，事事姑息遷就，使孩子養成依賴家長的不良習慣。孩子一旦離開家長的懷抱，就不知所措，進而常常在學習和生活方面不盡如人意，不稱己心，急躁個性則由此產生。
2. 孩子缺乏了解和對待困難與挫折的能力。因為缺乏對付困難和挫折的能力，加之得不到家長的及時幫助與正確引導，結果孩子遇事總會煩躁不安。天長日久，急躁個性得以形成。
3. 長期不安靜的學習生活環境導致孩子急躁。孩子的學習環境常常處在嘮叨、酗酒、賭博、吵架、打鬧或是勁歌狂舞等環境之中，長此以往，惡性循環，使孩子看見書本就煩躁不安。在焦躁中度過學習時光，急躁個性怎能不形成並且不加重呢？

從「放飛耐心的風箏」說起

週末與朋友結伴出去放風箏，其實主要目的是為了幫朋友的兒子小周克服急躁的情緒，雖然之前沒有跟孩子們說好，主要怕其他孩子演戲演得不夠逼真，但是我們都能預料到小周所能發生的事。

小周是一個性格急躁的孩子，一次從他外婆家費盡周折帶回來一個花盆和一包向日葵的種子，其實這些花市都能買，但是他就急著要在上飛機時種下去。所以這盆向日葵也從坐上飛機到下飛機。到家後，他天天都抱著花盆不放，想看著向日葵長出來。每過一天，就把向日葵種子挖出來看看到底發芽了沒有，最後，被他這樣挖來挖去的，一包向日葵種子沒存活幾顆。本以為向日葵生長了，他就能放心了。沒想到的是他竟跑去花店買回肥料，準備施肥，但是剛生長出來的向日葵，根本就受不了這麼充足的養分，第二天全都因為營養過多死了，小周的急性子不僅展現在這些方面，生活中也常常可見，因為他已經形成了急躁的性格。朋友為此很擔心，於是便邀我們幾個出來幫幫忙。

當我們和孩子們來到公園的時候，就叫孩子們互相幫忙把風箏放飛，當其他幾個孩子的風箏都放飛的時候，小周還跟我女兒在那鬥嘴，女兒說：「都說了數三下才跑，一下沒數到，你就跑，這樣風箏怎麼飛上去？」小周說：「是你自己太笨了，根本就不會靈活運用風。」我們在一旁發現，小周換了幾個人幫他放都飛不上去。現在女兒也不理他了，他一個人放也飛不上去，就坐在草地上悶悶不樂。朋友拍了拍我肩膀說：「現在是你表現的機會了，今天他能否改掉這壞習慣，全靠你了，拜託了。」

「小周，要不叔叔幫你。」我走上前去摸著小周的小腦袋說。

「不放了，沒意思，放得再高還不是一樣要掉下來。」

「那我們躺下，一起看藍天吧！叔叔和你講個故事。」於是我們便躺在了草地上，看著孩子們放飛的風箏在天空中翱翔，便和他講起了這個故事：

那也是一個暑假，約翰和他的姐姐露西去姑姑家做客。一天，姑姑送給約翰一個漂亮的風箏。約翰高興極了，馬上就央求姑姑和姐姐一起出去散步，迫不及待地想把風箏放飛。

「你能幫我放一下風箏嗎？」約翰問他的姐姐，一開始，他滿懷信心地拽著風箏拖地跑了好久，但仍沒有把風箏放起來。他的姐姐露西撿起風箏，把它拋向空中，但他的弟弟卻忘了奔跑，風箏又掉了下來。

「噢，你太笨了！」約翰有些不高興，禁不住責怪道。

「這全是你的錯。」姐姐說道。

「再試一次，孩子們。」姑姑鼓勵他們。

露西再一次拿起風箏，這一次約翰拚命地向前跑去，但是因為跑得太快了，風箏又從露西的手中掉了下來，再一次掉在了地上。「這次該怪誰？」露西問道。

「親愛的孩子們，沒關係。再試一次。」姑姑說。

他們又試了一次，這一次他們更小心了，但是當露西放開風箏的一剎那，一股突來的風把風箏刮向了灌木叢，風箏的尾巴被纏住了，可憐的風箏大頭朝下地掛著。

「你看，你看！」約翰這一下更生氣了，大聲嚷道，「這全是因為你放偏了。」

「好像我可以讓風直著刮似的。」露西也很不高興。這時姑姑走過去幫忙，她把風箏從灌木叢中取出來，並把它捲了起來，對兩個孩子說：「來，孩子們，這裡有很多樹，我們去找一個更空曠的地方再試一次。」

他們很快便找到了一處很空曠的地方，上面覆蓋著綠油油的小草，周圍沒有樹木。一切準備妥當之後，姑姑在約翰起步跑的同時將風箏拋起。風箏像氣球一樣穩穩升起，看來它能飛得很高。這時約翰高興極了，興奮地拍著手，但是他只顧著向上看，忘記了拉緊線，風箏線鬆了下來，風箏開始搖擺，而當時的風並不是很大，風箏最後還是落到了草地上。

「噢，約翰，你不該停下的，不管怎麼說，我們再試一次。」

「我再也不試了，」約翰悶悶不樂地說，「沒用的，你看到了，風箏是飛不起來的，我再也不想為這事煩惱了。」

「噢，約翰，你那麼喜歡這個風箏，又花了那麼大的力氣放飛它，你難道願意就這樣放棄嗎？這一點挫折不應該挫敗我們。來，我已經捲好了繩子，我們再試一次。」

他們真的試了，也真的成功了。風箏隨風向上飛去，輕得像羽毛一樣。風箏線全放完的時候，約翰高興極了，他緊緊地抓著他姑姑的手，一動不動地盯著藍天上的風箏，這時風箏看來就像一個小小的斑點。「看呀！姑姑，看呀！飛得多高。我希望我還有一公里長的線。可以肯定風箏還能往上飛。」

盡情地享受了好久，小約翰才開始慢慢地收線。當風箏落下的時候，他高高興興地把它撿起來，說風箏完好無損，並說風箏表現得很好。「我們明天再來放風箏好嗎？姑姑，我們再試一次？」約翰心情好極了。

「可以，親愛的，只要天氣好就行。現在你能告訴我，你從今天早晨的活動中學到了什麼嗎？」姑姑微笑著問約翰。

「噢，姑姑我學會了怎樣放風箏。」

「你應該為此感謝姑姑，」露西說，「如果不是姑姑說服你再試一次的話，你早就放棄了。」

「孩子們，不管是放飛了風箏，還是放風箏都要一步步來，快一步慢一步都不行，放風箏是急不得的。急躁的心情是放不好風箏的，還要記住你們的每一次放飛，不論成功與否，都在進步，都在掌握著放飛風箏的分寸。所以最後一次你們能把風箏放上去。」

「叔叔，我們也再試一次好嗎？」小周聽完故事後便側著臉問我。

「好呀！」於是我們便爬了起來。「小周，一會兒要記住，我數到三的時候，你就跑，風是靠跑出來的。」

「嗯，叔叔，這次我聽你的。」小周拉著風箏線。

「開始了，一、二、三，跑！」風箏飛了起來。小周高興地向孩子們炫耀著。

朋友跑上前來：「看來你的方法真的管用。」「你也別高興太早，如果你不去幫他的話，按照他的性格，一會兒風箏就要掉下來。」我對朋友說。因為小周急著讓風箏飛得更高，於是便會用力地放線。朋友聽後便跑上前去協助著、教導著小周 —— 做什麼事都不能太急。

備選故事任你挑

為什麼人們都喜歡春天呢？

因為春天沒有夏天炎熱，沒有秋天肅殺，也沒有冬天酷寒，春天的溫潤暖和讓人們覺得身心舒坦。一種如同春天般溫和的性格同樣是討人喜歡的。溫和宛如沙漠中的一片綠洲，一泓清泉，能讓人看到希望，滋潤心田。溫和不管在什麼時候，都可以讓夏日炎熱帶來的急躁變得溫和，讓秋日的肅殺帶來的輕浮變得穩重 —— 只要能修一種溫和的心態，養一種溫和的性格。

是否跟孩子上過這樣的課

一次去出差時，在飛機上遇到一個年輕人，看他的歲數不過是二十五歲，他坐在我的旁邊，因為昨晚一夜沒有闔眼，因此想在飛機上小憩一下。那個年輕人便跟我打起招呼，「您好，冒昧打擾您一下，我讀過您的書。」我對他笑了笑，「你好！謝謝，本人不才，如有指正之處，還望你直言。」「沒有，我覺得您寫得都挺切合實際的，我常常都會用到孩子身上去。」

「早婚族。」我見那年輕人還跟我有些隔閡，便跟他開起玩笑來。他不好意思地臉紅了起來，隨後便轉移話題說「我是早婚族，我兒子今年三歲了，他性子急躁，特別是跟別人談話的時候，他總是愛搶風頭，別人還沒有說完，他就插嘴搶話，常常得罪老師、同學。您看這個該怎麼辦呢？」

「你跟孩子上過這樣的課嗎？」我問他。

「什麼課？」這位年輕人反問我。於是我便和他講了這個故事：

某個政黨有位剛剛嶄露頭角的候選人，被人引薦到一位資深的政界要人那裡，希望這位政界要人能告訴他一些政治上取得成功的經驗，以及如何獲得選票。

但這位政界要人提出了一個條件，他說：「你每次打斷我的說話，就得付 5 美元。」

候選人說：「好的，沒問題。」

「那什麼時候開始？」政客問道。

「現在，馬上可以開始。」

「很好。第一條是，對你聽到的對自己的詆毀或者汙蔑，一定不要感到憤怒。隨時都要注意這一點。」

「噢，我能做到。不管人們說我什麼，我都不會生氣。我對別人的話毫不在意。」

「很好，這是我經驗的第一條。但是，坦白地說，我是不願意你這樣一個不道德的流氓當選的……」

「先生，你怎麼能……」

「請付 5 美元。」

「哦！啊！這只是一個教訓，對不對？」

「哦，是的，這是一個教訓。但是，實際上也是我的看法……」資深政客輕蔑地說。

「你怎麼能這麼說……」候選人似乎要發怒了。

「請付 5 美元。」

「哦！啊！」他氣急敗壞地說，「這又是一個教訓。你的 10 美元賺得也太容易了。」

「沒錯，10 美元。你是否先付清錢，然後我們再繼續談？因為，誰都知道，你有不講信用和喜歡賴帳的『美名』……」

「你這個可惡的傢伙！」候選人發怒了。

「請付 5 美元。」

「啊！又一個教訓。噢，我最好試著控制自己的脾氣。」

「好，收回前面的話。當然，我的意思並不是這樣，我認為你是一個值得尊敬的人物，因為考慮到你低賤的家庭出身，又有那樣一個聲名狼藉的父親……」

「你才是個聲名狼藉的惡棍！」

「請付 5 美元。」

這是這個候選人學會自我克制的第一課，他為此付出了高昂的學費。

然後，那個政界要人說：「現在，就不是 5 美元的問題了。你要記住，你每發一次火或者對自己所受的侮辱而生氣時，至少會因此而失去一張選票。對你來說，選票可比銀行的鈔票值錢得多。」

「讓孩子明白，急躁失去的不僅僅是金錢、選票，還有別人對你的尊重。告訴孩子每個人都渴望被尊重和理解，這也不是遙不可及的事，只要我們都能站在別人的角度為對方思考，善解人意，問題就解決了，這樣，人際關係也會變得和諧。」

「很榮幸我兒子上了一節免費的如何學會自我克制的課。謝謝！」青年謙卑地說。

讓孩子讀懂故事裡的故事

或許是因為時代變遷快速的大環境影響，許多孩子都有一個通病——急躁，做什麼事都缺乏耐心。面對孩子的急躁，家長們也常常束手無策，在去幼兒園接女兒的時候，一位家長和我閒聊，說：

「我家寶貝今年 5 歲，現在上幼兒園放學回來，教她寫數字，她寫了不到 3 分鐘，就不想寫了。還說，老師沒有要我們回來寫字。要麼就找些理由，一會兒想上廁所了，一會兒肚子疼了，弄得我真是哭笑不得。看著其他同齡的寶貝，有的連自己的名字都寫得有模有樣了，我家這個寶貝連數字都寫不好，真是急死人。老師看了就說孩子腦筋倒是挺聰明的，就是做事太過於急躁，要我們回家時協助輔導。你說這幼兒園也真是的，我們把孩子送到這來，他們也得好好調教一下，畢竟他們是專家呀！」

聽了這位母親的話，我感覺她似乎在推卸責任，看得出來這位母親也是個急性子的人，於是便跟她說：「幼兒園裡，學生太多了，老師只有一兩個，而家裡孩子只有一個，家長卻有兩個，在孩子幼年時，孩子的教育主要還是應該放在家庭教育裡，放到幼兒園不過是讓孩子學會群體生活而已。其實孩子急躁的性格是可以改，你聽過林則徐制怒的故事嗎？你可以和孩子講，性格的形成是經過了漫長的過程的，同樣要改掉一種壞習慣也一樣需要時間。」

那位家長用詫異的眼神看著我，「看來你對孩子教育有點經驗，你說的那個什麼制怒的故事吧。」

於是我便和這位母親講了這個故事：

林則徐小時候機靈聰明，但性子很急躁，做事毛毛糙糙，經常出些差錯。林則徐的父親林賓日認為，「從小看大，3 歲知老。」小孩子這樣下去養成習慣，將來做事要出大錯的。一天，他把林則徐叫到跟前，和他講了一個「急性判官」的故事。

從前有一個判官，由於他非常孝敬父母，所以每遇到不是孝子的犯人，他就判得特別嚴。一天，有兩個人拉來一個年輕人，要判官嚴懲。他們說：「這個年輕人是個不孝之子，他不僅罵他娘，還動手打她。我們把他捆了起來，可是他還是不停地罵，我們就用東西把他的嘴堵住了。像他這樣不孝的後生可恨不可恨？」判官一聽，被捆的人是個不孝之子，立刻火冒三丈，就喊：「來人呀，打這個逆子五十大板。」年輕人想開口申辯，可是嘴被堵著，有話沒辦法說，只好挨了五十板子，屁股被打得血肉模糊。

一會兒，有個老太婆拄著拐杖急急忙忙走進來，邊哭邊焦急地說：「請大人救救我們，剛才有兩個盜賊溜進我家後院，想偷我的牛。我兒子捉住他們，要送他們到官府來，可是力不從心，兩個強盜反把我兒子捆走，不知弄到何處去了。求大人幫忙，趕緊替我找找兒子。我就這麼一個孝順兒子……」判官一聽，心裡暗想：「莫非惡人先告狀，我剛才打的就是她的兒子？」他忙叫人把那兩個捆人的人找來，但他們已溜走了。這時，被打昏過去的年輕人突然呻吟了一聲，老太婆一看，正是自己的兒子，就驚叫了一聲，昏倒在地，再也爬不起來了。

聰明的林則徐知道父親的這個故事是針對他的毛病講的，便說：「我一定好好改一改急躁的毛病。」

林賓日說：「我看到你性子急躁，很為你將來擔憂。透過這個故事，希望你改正自己的毛病。」

「急性判官」的故事，牢牢記在林則徐的心裡。直到幾十年後，他做了湖廣總督仍不忘父親講過的故事。為了時時警惕自己性情急躁、容易發怒的毛病，他專門做了一個「制怒」的橫匾，掛在自己的書房，時刻提醒著自己。

「讓孩子看懂故事裡的故事，從故事裡學習林則徐，從故事裡的故事裡看到急躁性格的危害，告訴孩子故事也需要一層層地剖析，這樣才能看得更清楚，同時也鍛鍊了孩子的耐性。」那位母親聽完後點了點頭說「看來你還真是個專家，我回家試試。」我笑了笑便又和她聊了起來。

說話也可以讓孩子走出急躁

起初女兒也是個急性子的人，可能是因為妻子的影響，因為妻子的說話太過於快，因此女兒說話也學著她，這樣久而久之便形成了急躁的性格，從而導致了她說話吐字不清，不認真聽常常不知道她說些什麼。於是我便讓女兒讀《三字經》、讀《弟子規》，叫她一個字一個字地念。

一天她在我書房念到《弟子規》「幾道字，重且舒，勿急疾，勿模糊」的時候，我便打斷她說：「佳佳，你停一下。」

「爸爸，我沒有念錯呀。」女兒反問道。

「我又沒說你念錯了，說話做事不要過於急躁武斷。你知道你剛才讀的那幾句是什麼意思嗎？」我問到。

女兒搖搖頭，「它的意思是講話的時候要口齒清楚，咬字應該清楚，慢慢講，不要太快，更不要模糊不清。這樣就可以改變一個人急躁的個性。」

女兒還是一頭霧水，因為她不明白為什麼講話也能讓一個人改變急躁的性格。所以我和女兒講了這樣一個故事：

在春秋戰國時期，秦軍進攻趙國，趙國向齊國求救。齊國要求趙國用長安君當作人質方肯出兵。

長安君是趙太后的小兒子，太后說什麼也不答應，大臣們再三勸說，太后也不聽。太后說，以後再有誰還敢跟我提送長安君去作人質的事，罪不可恕。於是滿朝文武，沒有誰敢去進諫。當時如果齊國不派援兵的話，趙國將面臨滅國之災。但是大臣們都不知道該怎麼辦。

這時，左師觸龍便去見太后，太后氣呼呼地接見他。他對長安君作人質的事，隻字不提，便問起了太后的身體近況和飲食起居來，太后覺得他不是來說服自己的，氣漸漸消了。

接著又請求太后給自己的小兒子安排職務，說明了父母愛護子女，要為他做長遠的打算，不要只顧眼前。

最後，他才勸太后，如果真疼愛長安君，就要讓他為國家建功立業，不然的話，一旦太后去世了，長安君憑什麼在趙國立足呢？他這委婉曲折的一席話說服了太后，使太后終於答應讓長安君去當人質。齊國這才出了兵，解了趙國之圍。

「這就是循序漸進，慢慢地把問題引入主題，只有委婉地說話，才會讓人更容易接受，而急躁只會讓問題越來越嚴重。所以無論做什麼事都急躁不得，說話更應該注意要咬字清楚，否則別人根本就不知道你在說些什麼，又怎麼會接受你的意見，甚至接受你呢？」女兒聽後反駁道，「你這個故事是說話的技巧，而不是說咬字清楚能改變人急躁的性格，你又離題了。」「如果連說話都說不清楚，別人聽不清你說的，你有什麼技巧都是徒勞。」女兒啞口無言，只好拿著書繼續讀著。

急躁只會讓你的人生更短暫

「爸爸，我想問問你，每天都要上班，還要接我回家，回家後又忙於寫作，你哪有這麼多的時間，我怎麼感覺我每天的時間都不夠用呢？」在回家的路上女兒問我。

「你知道什麼是時間管理學嗎？」我故意問女兒，因為她肯定不會知道，但是我還是想拋給她更多知識。

「沒聽說過。」

「時間管理學呢，就是教你怎麼去管理好自己一天的時間，爸爸算不上是忙人，你看看那些名人，一天到晚的，做完簽書會，還要電視臺通告上節目，還要去拍廣告，一天忙個不停，為什麼他們卻覺得很輕鬆呢？因為他們身邊有個專門為他們管理時間的人，那個時間的管理者懂得把時間分成許多的層次，從幾點到幾點做什麼，而且必須得做好、做完，因為下一個時間點又有其他重要的事要做。他們從來就不急著去做什麼事，而是在充足的時間裡把事情做好，所以他們每天都能做很多的事。這就是時間管理學的魔力。」我和女兒解釋。

「我也要學時間管理學。」女兒便提起學習的熱情來。

「那你必須得先知道一個故事，克服一種性格。」

「什麼？」

有個年輕的年輕人做什麼事都急躁不安。

有一次他與朋友一起出去玩，可是他去得太早，朋友還沒來，他站在大樹下面長吁短嘆：「為什麼連見面都要等這麼久？能玩得開心嗎？」

正在這個時候，一個神仙出現在他的面前，給了他一隻鐘錶，說：「當你想要時間變快的時候只要撥動鐘錶，就可以事如所願。」

年輕人高興極了，他把鐘錶向前撥動了一小格，朋友馬上出現在了眼前。他想：「如果現在就能知道玩得怎麼樣就更好了。」於是他又轉動了鐘錶，在遊樂園裡，他們盡情地玩，沒有什麼顧慮，玩得開心極了。

他又想：「現在如果知道明天會怎麼樣那該多好呀！」於是他又轉動了鐘錶，又看到了第二天所有的經歷，雖然遇到了一些小問題，但是也過得挺開心。

於是他便又想，「要是現在能知道我的未來，那我不就成為先知了嗎？」於是他又急速地轉動了鐘錶，時間飛快地過去了，生命很快就要走到盡頭了。

彌留之際，他開始後悔自己以前做任何事都那麼急切，還沒有認真享受生活，生命已經走到了盡頭。如果可以重新過一次，他一定可以等待的，但是後悔已經晚了，因為那個神仙告訴他，那個鐘錶只能向前轉不能向後轉。他躺在床上後悔莫及，痛哭流涕。

「急躁，只會讓你的人生變得更短，其實等待的過程也是一種美麗，因為在等待中，你可以思考，可以去想像。只要你克服了急躁，你才能學會有層次地把時間分配好，把每一件事做好，這樣你才能真正領會到時間管理學的真諦 —— 平和穩重地做好每一件事。」

給家長的悄悄話

孩子急躁發脾氣時該怎麼辦？

一次去參加座談會的時候，有位母親問起：

我的女兒兩歲零兩個月，比較聰明，認識二十幾個國字，能從一數到十，表達能力也很棒，社交能力也可以。就是性子很急躁，她不會做或做不好的事，比如難一點的堆積木呀，她只要堆上兩次，堆不好，她就要自己發火，這時候無論怎麼勸她都沒有辦法。

你嘗試過和她講故事嗎？如果沒有，你和她講這樣一個故事：

有一個叫愛地巴的人，他一生氣就跑回家去，然後繞著自己的房子和土地跑三圈。後來，他的房子越來越大，土地卻沒有增加。但他還是堅持一生氣，就繞著房子和土地跑三圈，哪怕累得氣喘吁吁，汗流浹背。

當愛地巴老得走路要拄拐杖的時候，他生氣時還是堅持繞著土地和房子轉三圈。一次，他生氣，拄著拐杖走到太陽下山了還沒有走完三圈。因為他們的房子和土地已經變得很多了，他的孫子怕他有閃失就跟著他。

孫子問:「爺爺！您生氣就繞著房子和土地跑，這裡面有什麼祕密？」

愛地巴對小孫子說:「年輕時，我一和人吵架、生氣，我就繞著自己的房子和土地跑三圈，我邊跑邊想 —— 自己的房子這麼小，土地這麼少，哪有時間和精力去跟人生氣呢？一想到這裡，我氣就消了。氣消了，我就有了更多的時間和精力來工作、充實自己了。」

孫子又問:「爺爺，您年老了，成了富人，為什麼還要繞著房子和土地跑呢？」

愛地巴笑著說:「老了生氣時我繞著房子和土地跑三圈，邊跑我就邊想 —— 我房子這麼大，土地這麼多，又何必和人計較呢？一想到這裡，我的氣就消了。」

從故事裡，你悟出什麼養兒育女的心得來了嗎？

一種平和的心態來自於自己多多思考，一思考心就會慢慢冷靜下來，自然就不會急躁了。

急躁只是一時的，就像生氣一樣，孩子不可能一直都在生氣，要麼你就讓她安靜一會兒，要麼你就和她講個故事來引導她，這樣很快就會讓孩子冷靜下來。

親子加油站

怎麼樣才能讓孩子的性格變得溫和：

對於愛急躁的孩子，應做到以下幾點

1. 讓孩子凡事都要做到三思而後行，遇到問題時，先在心裡默數 30 秒，或者去喝杯茶、散步等。
2. 多出去與人交流，看看別人是怎麼掌握說話分寸、調整性情的。
3. 多讀一些修身養性的書，多聽一些古典音樂。

溫和性格的孩子應該注意以下幾點

1. 性情溫和的孩子比較隨和，所以應該讓他們多一個心眼看問題，別太輕易相信別人。
2. 性情溫和的孩子比較順從別人的話，所以得讓他們注意分清是非。
3. 性情溫和的孩子總是不願意創新，艱難進步，所以要讓他們學會去接受、創新。

第六章

做鎮定冷靜的天使

衝動的人是在和魔鬼最一筆非常不划算的交易。在交易前，魔鬼告訴人：如果你購買了「衝動」，你就可以做你想做的任何事情，你可以透過衝動，使自己的情緒得到痛快淋漓的發洩。人聽到這裡，頓時呼吸急促、血壓生高，迫不及待地簽下契約。衝動過後，魔鬼會再次找上門來——魔鬼絕不會爽約。魔鬼會高舉著契約，契約上面寫滿了人購買「衝動」所必須支付的成本。這個成本的清單很長，包括：身心健康、人際關係、個人前途。

讓衝動的孩子多修「禪心」

我們或許在教育孩子的時候，都沒有忘記歐陽修在《五代史伶官傳序》中給我們留下的千古箴言「禍患常積於忽微，智勇多困於多溺」，但是我們卻忘了給孩子修一顆「禪心」，一顆能夠臨危不懼，處變不驚的禪心。所以孩子還是一樣在困境中驚慌失措，始終走不出困境的包圍。

先看看生活中的我們和孩子：

媽媽總在不斷地抱怨：「這孩子真讓我頭痛，不論是在家裡還是在作客，他都跟在林子裡似的，跑來跑去，大聲喊叫，到處亂爬，無所不為，遇到什麼問題都是驚慌失措的，做事總是很衝動⋯⋯」

就在媽媽埋怨的時候，5 歲的小高圍著心理專家的辦公桌亂轉，他瞪著大眼珠從桌子旁走到窗戶邊，然後又走到了電腦前，動了一動想去碰電腦鍵盤，但突然又停住了，把雙手藏到背後。接著他又轉了一圈，俯身去察看垃圾桶裡的東西。孩子在做每一個動作的時候他的媽媽神經都高度緊張。

媽媽詢問專家：「孩子為什麼不能安安靜靜地坐上 1 分鐘？他是不是哪裡不對勁？」而專家透過近距離觀察得出的結論是孩子完全正常，他只不過是沒學會控制自己的衝動，平時對於很多東西都控制不了自己的衝動，更何況遇到問題呢？但是對於這個年齡的孩子來說，衝動是很正常的，稍微引導即可讓孩子改掉這個不好的習慣。

在孩子四處閒晃時，母親的高度緊張就會使孩子驚慌失措。而孩子的衝動不過是一種正常現象。

再來看看這位得道高僧：

雲居道膺禪師每天晚上都要到一個荒島上的山洞裡打坐參禪，有幾個愛搗蛋的年輕人想捉弄他一下，便藏在他去山洞的必經之路上，等雲居道膺禪師過來的時候，一個人從樹上把手垂下來，輕輕放在了禪師的頭上。

這幾個年輕人原本以為禪師一定會被嚇得魂飛魄散，誰知道禪師竟然任年輕人把手扣在自己頭上，靜靜地站在那裡不動。這個年輕人反而被嚇了一跳，趕緊把手收了回來，禪師於是又好像什麼事都沒發生一樣地離去了。

第二天，幾個年輕人一起到雲居道膺禪師那裡去，他們向禪師問道：「大師，聽說這荒島上經常鬧鬼，有這回事嗎？」

雲居道膺禪師平靜地說：「沒有的事。」

「是嗎？我們可聽說有人在晚上走路的時候被魔鬼按住了頭呢。」

「那不是魔鬼，而是村子裡的年輕人！」

幾個年輕人心中暗吃驚，但還是追問禪師道：「為什麼會這樣說呢？」

禪師答道：「因為魔鬼沒有那麼寬厚暖和的手呀！」

禪師緊接著說：「臨陣不懼生死，是將軍之勇；進山不懼虎狼，是獵人之勇；入水不懼蛟龍，是漁人之勇；和尚的勇敢是什麼？就是一個字：『悟』。連生死都已經超脫了，怎麼還會有恐懼呢？」

一顆懂得去感悟的「禪心」，就可以讓孩子像雲居道膺禪師一樣，臨危不懼、處變不驚，為什麼不讓孩子修一顆「禪心」呢？那怎麼修一顆「禪心」來驅除衝動的魔鬼呢？家長們在孩子性格衝動時該怎麼辦呢？

- 家長要以身作則，用自己的行為向孩子展示怎樣克服衝動。對孩子的說話態度要堅決，而語氣要平緩。
- 給孩子緩衝調整的時間。許多孩子無法突然完成從一種行為方式向另一種方式的轉變。大人要提前告訴孩子下一步會有什麼安排，孩子該怎麼應對。比如你帶孩子在鄰居家玩，臨走前應對孩子打招呼：「我們過 10 分鐘就要走了，你要把握時間堆好積木，然後跟小朋友和他的媽媽說再見，收拾好自己的東西……」等等。
- 吩咐孩子做什麼要盡可能簡明扼要。不要同時給孩子下幾道指令；也不要採用詢問式的語氣，這樣會給孩子造成他可以選擇的錯覺。甚至像「你聽不聽話？」這樣簡單的問題都被孩子理解為有兩種答案。
- 說話之前應該確信孩子會聽從你。孩子有時貪玩，對周圍的一切都不做出反應。大點的孩子可能會裝出沒聽見他所不喜歡聽到的話。如果孩子對家長的話不予理睬，應該強制性要求孩子做家長要求其做的事。
- 有問題嚴肅對待。好動、好奇的孩子需要不間斷地管理。大人應該制訂一些最重要的規則，讓孩子明白這些規則任何時候都不能破壞，孩子一旦破壞了就不可避免地要接受懲罰。如果想要你的孩子和家庭得到安全保障，需要大人堅定的決心和責任感。
- 形成制度堅持下去。制度對這類孩子特別重要，孩子們往往對預先安排、井然有序的生活感覺良好，也很認同。對惰性大的孩子大人適當寬鬆一些為好，而對好動的孩子來說，適當的嚴格的、軍營式的制度無疑會很有益處。
- 避免干擾因素。孩子在玩樂或者寫寫畫畫的時候大人不要開電視，孩子吃飯時不要把課外書和玩具擺放在餐桌上。

- 家長不要過度緊張。有時大人也要反省自問：是不是對孩子的要求太多了？有時候改變孩子行為方式的最佳途徑就是家長從自身說起。
- 家長應在掌握孩子情感特點的基礎上，運用正確的方法處理孩子的衝動行為。
  - 自然消退法。如孩子與夥伴吵架時，家長可以暫時不予理睬，讓孩子們自己去處理，因為他們有時也會自己和好如初的。
  - 冷處理法。如有的孩子出現「人來瘋」現象，家長一時難以說服孩子，這時可採取冷處理，不理孩子，等客人走後，再對其實施合適的教育。
  - 轉移注意力法。如兩個幼兒爭一玩具而哭鬧時，家長可用另一遊戲轉移其注意力，他們往往會立即破涕為笑。

小叮嚀

家長們應該注意孩子性格衝動形成的因素，做到防患未然，孩子性格衝動是怎麼形成的呢？

1. 在幼年時期的孩子，神經系統的興奮過程和抑制過程雖然都有發展，但興奮過程仍占優勢，所以幼兒在行為上容易引起興奮，不能約束自己，從而發生衝動行為
2. 孩子的情感是不穩定的，好衝動，遇到喜歡的就愉快，遇到厭惡的就不高興，他們不能有意識地控制和調整自己的情感，如破涕為笑現象。
3. 有些孩子因為常常受到父母打罵，形成暴躁性格，不能控制自己，因而會出現衝動行為

講個「山羊沉著應戰」的故事

或許你的思維還徘徊在章首的問題上，埋怨為什麼還沒有給出分解，不是為了賣關子，而是無論是孩子還是家長，都不能太過於著急，無論孩子遇到什麼問題都應該沉著應戰，這樣才會迸發出智勇的火花。

朋友的女兒菲菲是個乖巧的孩子，無論在家還是在學校都備受人們喜愛。或許是因為受挫能力太弱，每次遇到困難、挫折的時候，總是過於緊張，很簡單的問題常常都想不出方法解決，朋友為此很苦惱，便在一次來我家做客的時候把菲菲領來，叫我幫忙引導一下孩子。從菲菲的行為舉止看，菲菲是因為被過於溺愛，從而無法冷靜下來解決問題，因而總是很緊張，於是我讓菲菲和我的女兒一起玩女兒最拿手的搶答競賽遊戲。每一次本來很簡單的題目，即便是菲菲搶到了回答權，但是還是因為緊張而無法回答問題。最後一局結束，菲菲僅得了幾分，於是她便悶悶不樂地跑到我的書房去看書了。

我跟朋友一起來到書房叫菲菲玩遊戲。

「不玩了，那是佳佳姐最擅長的遊戲，我是玩不過她的，更何況我每次本來知道答案的，搶到以後就忘記了。不玩了，我還是認真看書好了，叔叔，你們家有好多書我喜歡看。」菲菲笑著對我說道。

其實菲菲的心態還是比較樂觀的，我走到菲菲的跟前蹲下說：「菲菲，要不要叔叔和你講個好聽的故事？」

「好呀！什麼故事，我聽我爸爸說，叔叔你腦子裡有好多故事呢，每次都沒有機會聽到。」

從前有隻母山羊，她生了 7 隻小山羊，她非常喜愛她的山羊孩子。

一天牠要到森林裡去找吃的，就把小羊都叫到跟前，向牠們交代說：「孩子們，我走以後，你們可要多加小心，特別是要小心大野狼，這大野狼很狡猾，又善於偽裝，如果讓牠進屋，牠會把你們都吃掉的。你們千萬注意，只要聽到牠的粗嗓聲音，看到牠的黑腳掌，就能辨認出來。」

小山羊們說：「知道了，我們會當心的。」

母山羊放心地走了。

一會小山羊們就聽到敲門聲：「開門吧，親愛的孩子們，媽媽回來了。幫你們帶來了很多好吃的東西。」

一聽那粗嗓聲音，小山羊們就知道是大野狼。

「我們不開門。」小山羊說：「你不是我們的媽媽，聽你那粗嗓聲音，一定是大野狼。」

大野狼只好走了，過一陣子，後來用假音變聲，嗓門就變細了，牠回來又敲敲門：「開門吧，親愛的孩子們，媽媽回來了，給你們每個人都帶來了好吃的東西。」

大野狼在說話時，把一隻黑爪子放在窗戶上。

小山羊看見了說：「我們不開門，瞧你這黑腳掌，你是大野狼。」

大野狼只好又走了，後來把白色的麵粉塗抹在他的黑腳上。

大野狼又去敲山羊的門：「開門吧，孩子們，你們的媽媽回來了，給你們帶回了好吃的東西。」

小山羊們叫道：「先給我們看看你的腳。」

大野狼把爪子放在窗上，牠們一見是白的，就相信了，便打開了門。

大野狼進來了，小山羊害怕極了，牠們東躲西藏，結果還是被大野狼抓住，一隻接一隻地被吃掉，只有最小的一隻山羊，躲在床下裡面沒有被狼找到。大野狼滿意地走了，躺在外面的一棵樹下，睡起大覺來。

不久，母山羊回來了。牠看到家裡亂糟糟的樣子就什麼都明白了。於是牠一個個地叫小山羊的名字，叫到最小的孩子的名字時，才聽到一個細小的聲音：「媽媽，我在床下。」

母山羊把牠抱出來，牠說狼進來了，把其餘的山羊都吃掉了。

「菲菲，在母山羊得知小山羊們都被吃掉的時候，她會怎麼辦呢？」我故意在這時把故事給中斷了。問了問菲菲，菲菲正在入神地想接著聽後文。

菲菲似乎沒有聽到我的問題，「後來怎麼了？」

「你覺得後來會是怎麼樣的呢？」我反問菲菲。

她搖了搖頭，我也沒有回答她的問題，「你好好想想吧，要冷靜地想，我和爸爸出去一會。」

於是我們便出去了。朋友說為什麼要在這時把故事中斷，「孩子是因為緊張而想不出問題來，所以無論什麼時候，你應該讓孩子學會去思考，在生活中多給她提出問題。然後讓她獨自思考。這樣，孩子就會養成冷靜思考問題的習慣。這樣，菲菲的問題不就解決了嗎？」

到了吃午餐的時候，我和朋友來到了書房，菲菲和我的女兒都蹲在書房看著書。「菲菲，問題想出來了嗎？」

菲菲點了點頭，便把她的想法說了出來。

母山羊最後來到了大樹旁，把狼給綁了起來，讓小山羊拿來一把剪刀和針線，然後在狼的肚子上剪了一個洞，剛剛剪開，一隻小山羊的頭就從洞裡探了出來，再剪下去，一隻接一隻，先後跳出了 6 隻小山羊。大野狼太貪婪，把山羊整隻囫圇吞下。這真是一件叫人高興的事。小山羊們摟抱著母山羊，蹦蹦跳跳。大野狼一直睡著，什麼也不知道。

母山羊說：「孩子們，去拿些大石頭來，趁這大野狼在熟睡，我們把牠的肚子填滿。」

於是 7 隻小山羊很快搬來許多大石頭，把石頭塞進狼的肚子裡，直到塞不進去。母山羊又迅速把狼的肚子縫好。

狼醒了，牠站起來，因為肚子裡裝滿了石頭，弄得牠口很渴，他想喝水。可是只要一動，石頭就在他肚子裡滾動，牠叫道：「我的肚子裡叮咚響，究竟是什麼東西？」

原以為吃了 6 隻羊，結果全是石頭。

大野狼走到井邊，想俯下身子飲水，結果沉重的石頭讓牠跌下去，最後淹死了。

母山羊和 7 隻小山羊興奮地圍在井邊，高興地跳起來。

我不禁地鼓起掌來，因為其實這個故事到原來那裡就已經結束了，後面的不過是一些警言誡語而已，但是菲菲出奇的想像力，讓故事發展到最後竟然是一個完美的結局。朋友和菲菲都不知道我為何鼓起掌來，奇怪地看著我。

菲菲說：「故事最後的結局是怎麼樣的。」

「菲菲，你真的很聰明，其實故事早已經結束了，你續寫得很好，很完美，菲菲，你知道嗎，只要你冷靜下來，你一樣可以變得很棒，很會編故事，以後肯定會成為故事大王的。」菲菲聽了我的話微微笑了起來。

朋友還是不相信故事最後的結局是我所說的那樣，於是我便把原來的故事給朋友看了看，他驚奇地發現，原來菲菲如果冷靜下來，真的可以把問題想得很透徹。一種我們都沒有想到的結局她竟然想到了。

寫到這裡，大家應該知道怎麼講故事了吧？或者在故事最精彩的時候，把故事中斷，讓孩子去思考最後的結局，或者把故事講完讓孩子去續寫故事。這樣不僅僅鍛鍊孩子想像力，以及遇到問題能獨自思考的能力，還能讓孩子克服遇事驚慌的習慣，因為故事往往發展到高潮是最緊張的，這時你把故事中斷，讓孩子去思考，孩子就會不知所措，一直想聽到後來故事的發展，一直都會追問你。但是如果讓孩子去思考的話，孩子就會從緊張的故事情節中跳出來，冷靜地思考問題。

備選故事任你挑

問題常常是不可怕的，可怕的是在遇到問題的時候，過於驚慌、衝動以及不能鎮定冷靜下來思考對策。我們在考試的現場或競技的現場看到得最多的字就是「沉著應戰」。「沉著」是一種良好的性格特徵，也是每一個人必須具備的品行，因為只有這樣才能向著成功衝刺。有位網球冠軍曾經這樣生動地比喻過「沉著」：「即便你的球技再好，如果沒有沉著的心態，就像沒有根基的大廈一樣，隨時都可能有傾覆的危險。」

沉著是一種力量，無論遇到什麼樣的問題，什麼樣的困難，只要你能沉著應對，那麼你就能很容易掌握機會，成功自然也會眷顧你。

向孩子兜售沉著的智慧

有一封從國外發來的 E-mail，因為自己外語水準有限，所以讀了許久也沒有讀懂寫信者的來意，最後向妻子求救，才知道寫信者原來是一位美籍華裔的妻子，透過朋友的介紹，說想向我求教一些親子教育的問題。我頓時感到受寵若驚。於是便讓妻子往下翻譯。來信的那位母親說，她的兒子今年 5 歲了，因為她的爺爺奶奶受東方傳統思想影響，總不願把孩子像美國的孩子那樣培養，導致孩子承受挫折能力很差，遇事衝動，身上沒有一點多數西方人的理智特點。現在孩子常常因為缺乏用冷靜的頭腦想問題而犯下許多錯，但孩子的爺爺奶奶還是像以前一樣寵著孩子，她現在束手無策，不知道該如何是好。

一道高難度的題目，因為這裡面涉及的不僅僅是親子問題，而且還是婆媳關係問題。不過像這種情況家長教育子女也不少見。

我給這位母親回的是中文信，因為我知道這位母親看不懂中文，她便會給孩子的爺爺奶奶看，這樣，孩子的爺爺奶奶自然會用這個中文故事來引導孩子：

有一個人因為愚笨，所以很窮，可是他的運氣好。一次下雨的時候，圍牆被雨沖倒了，他居然從倒塌的牆裡挖出了一罈金子，因此他一夜致富。可是他依然很笨，他也知道自己的缺點。於是就向一位禪師訴苦，禪師告訴他說：「你有錢，別人有智慧，為什麼不用你的錢去買別人的智慧呢？」

於是這個愚人就來到了城裡，見到一個僧人，就問道：「你能把你的智慧賣』給我嗎？」僧人答道：「我的智慧很貴，一句話 100 兩銀子。」

那個愚人說：「只要能買到智慧，多少錢我都願意出！」

於是那個僧人對他說道：「遇到困難『不要著急處理，向前走三步，然後再向後退三步，往返三次，你就能得到智慧了。」

「『智慧』這麼簡單嗎？」那人聽了半信半疑，生怕僧人騙他的錢。僧人從他的眼睛中看出他的心思了，於是對他說：「你先回去吧，如果覺得我的智慧不值這些錢，那你就不要來了；如果覺得值，再回來給我送錢。」

當晚回家，他在昏暗的燈光中發現妻子居然和另外一個人睡在床上，頓時怒從心生，拿起菜刀準備將那個人殺掉。這時突然想到白天買來的智慧，於是前進三步，後退三步，往返三次。正走著，那個與妻子同眠者驚醒過來，問道：「兒啊，你在做什麼呢？三更半夜的！」

愚人聽出是自己的岳母，心裡暗驚：「若不是白天我買來的智慧，今天就錯殺岳母了！」

第二天，他早早地就給那個僧人送銀子去了。

「老先生，您好，這個故事或許你也曾經讀過，但是我還是拿出來作為親子故事，是因為我想感性的東方人，一樣可以透過故事的引導走向理性。所以才把這個老生常談的故事向您兜售，同時我也希望您能把『向前走三步、向後走三步』的智慧兜售給您的孫子，讓他能走出衝動的『魔鬼圈』。」我在信後附上了這些話。

其實我們每個家長都應該給孩子兜售這樣一個智慧，但是兜售的時候，也別忘了講故事的方法，在關鍵時候，留下懸念讓孩子去思考。

失而復得的智慧叫做沉著

「江山易改，本性難移」，人的性格裡始終會帶有些父母的遺傳基因，所以有一些性格可能很難去改變、優化。但是父母只要常常給孩子灌輸一些相關的知識和故事，還是可以使孩子的性格得到優化的。關鍵是父母得有恆心、有耐心。

女兒的遇事衝動的性格到八歲時還是沒有改變，雖然我已經給她灌輸了相關的知識，但是並沒有得到優化。說到這還是應該反覆說說性格是一體兩面的，徹底根除也不一定是好事。所以只是在適當的時候做好優化，讓孩子學會拿捏分寸。

女兒雖然在小事上遇事不會驚慌了，但是在大事上，還是想不出什麼對策。八歲那年，女兒和我的妻子到郊外去旅遊，妻子因為中暑而昏厥倒地，女兒就一直哭著喊著，並沒有打電話給我，也沒有去找人急救，後來還是一位路過的遊客搭救了妻子。其實這些急救知識我也沒有少教女兒，但是她還是在遇事後，過於緊張，無法冷靜下來。於是待妻子平安後，我和女兒講了這樣一個故事：

清朝時候，有一個商人在外面做生意，半生操勞，終於事業有成，存下了一筆豐厚的財產，便準備回家與妻兒團聚，安度晚年。可當時天下不太平，路上常有劫匪。如果帶著沉甸甸的包裹上路，一不小心被壞人盯上，不但錢財付諸東流，而且還會招來殺身之禍。

想了很久，商人終於想出了一個好計策。他用所有的錢買了珠寶玉器，然後特製了一把竹柄油紙傘，將粗大的竹柄關節全部打通，把珠寶玉器全部放進去。穿著一身灰布衣衫，一雙布底鞋，提著簡單單的包袱，外貌潦倒的樣子上路了。

這果然是個好計策，一路上無人打擾，眼看就要到家了。這天下著小雨，他來到一家小麵館，吃飽之後在座位上打了一個小盹。

醒來時，猛然發現油紙傘已不見了蹤跡，他打了個冷顫，這傘可是他的全部家當啊！但商人很快就鎮定下來了，他發現手裡的小包袱完好無損。認定是有人只顧自己方便，順手牽羊取走了自己的雨傘。

沉思片刻，商人有了主意。他不露聲色地在集市旁邊租了個房子，以修傘度日。

他待人和氣，心靈手巧，人們都願意把傘給他修理。他每時每刻都在等待那把油紙傘出現，可是每天都在失望中度過。大半年過去了，商人等候的那把雨傘始終沒有出現。直到有一天他去買米時，無意中聽到米店老闆和夥計的交談：「那把傘就不要拿去修了，一把傘值不了幾個錢，那麼破了，不如買把新的。」

於是商人又想，他那把傘太破了，也許破得不能再修，拿傘的人早就不用了。於是商人又想了一個好主意。

「你覺得商人會想出什麼樣的好主意，把他的那把傘取回來呢？」把故事說到這裡，我便問女兒。

女兒想了一會兒便說，「他不會以舊換新吧？」

我笑了笑，繼續把故事說了下去：

第二天，過往的行人看到了一條新鮮的廣告：油紙傘以舊換新。人們紛紛來詢問，得到肯定答覆後，消息立即傳開了。

不久，來了一個中年婦女，手裡拿的正是商人魂牽夢繞的那把油紙傘。商人仍不動聲色地收下了那把傘，犀利的眼光一掃，看到傘柄封處完好無損，轉身從店裡挑了一把最好的傘給了那個中年婦女，然後關上了店門。關門後，商人立即打開傘柄，當他看到全部珠寶玉器時，他癱倒在地，半天無語。

當天夜裡，商人就悄悄地離開這裡了。

女兒高興地說到：「我真的猜對了。」

我摸摸女兒的頭，「佳佳，其實你是個很聰明的孩子，你只是沒有像商人一樣，冷靜下來想問題，所以總是會在困難面前止步。商人那是半生的打拚省吃儉用換來的積蓄，丟了它還那樣鎮定地在街上修傘，在看到那把沉澱著自己半生血汗的傘時，他依舊冷靜地和婦人交換了傘。這就是沉著冷靜的智慧換來的失而復得。在困難面前就是要做到沉著冷靜，只有這樣，才能像那個商人一樣戰勝困難，解決難題。」女兒聽了我的話後，紅著臉應了一聲。

選擇的時候一定要冷靜

世上最令人頭疼的事就是選擇，因為選擇常常會意味著一種命運的開始，性格同樣也會指引著自己去選擇哪條路。但是人們往往在選擇時過度地緊張，在沒有想好、想清楚的時候就做出選擇，在選擇後又會感到後悔，然後就在後悔中把事情辦得一塌糊塗。

多數孩子在學習中都會出現偏科的現象，要麼偏文要麼偏理或是偏自然。但是在類組分班的選擇上，不僅僅是孩子，家長們也常常為之而苦惱。看看這位苦惱的家長：

我的孩子讀高一時，學校說要分類組，我知道孩子喜歡文科，但是孩子的父親一直都瞧不起文科，說文科以後不好找工作。所以要孩子學理科，因為孩子從小就有這樣的觀念，孩子的理科成績也很不錯。所以我勸孩子選擇理科，但是我知道孩子的心裡很不情願，但是為了我們，他還是選擇了理科，但是分科後沒多久，孩子的學業成績卻極速下降，於是我便跟孩子說，如果你喜歡學文科，你就去學文科吧。不要理睬你爸爸。後來，兒子就選擇了文科，但是選擇後，孩子的學業成績依然是沒有進步反而退步了，這是什麼原因？我該怎麼辦呢？

針對這位母親的諮詢，我沒有給她做太多的解釋，只和她講了這樣一個故事：

有位商人欠了放高利貸的債主一筆鉅款，那個又老又醜的債主看上了商人的女兒，便要求商人用女兒來抵債。

狡猾的債主故作仁慈，建議這件事聽從上天的安排。他對商人的女兒說：「我在空錢袋裡放入一顆黑石子、一顆白石子，然後請小姐伸手摸出其中的一顆。如果你摸中的是黑石子，你就要成為我的妻子，欠我的債務也不用還了；如果你摸中的是白石子，你不但可以回到你父親身邊，債務也一筆勾銷；但是，假如你拒絕伸手一試，你父親就要入獄。」

雖然是不情願的，商人的女兒還是答應試一試。當時，他們正走在花園中鋪滿石子的小徑上。達成協議之後，狡猾的債主隨即彎腰拾起兩顆小石子，放入袋中。商人的女兒敏銳地察覺到：兩顆小石子竟然全是黑色的！

商人的女兒一言不發，冷靜地把手伸入袋中，眼睛看著別處，漫不經心地摸出了一顆石子。突然，女孩手一鬆，石子便順勢滾落到了路邊的石子堆裡，分辨不出是哪一顆了。她接著說道：「噢！看我笨手笨腳的。不過，沒關係，現在只需看看袋子裡剩下的這顆石子是什麼顏色的，就可以知道我剛才拿的那一顆石子是黑是白了。」

當然，袋子裡剩下的石子一定是黑的。狡猾的債主既然不能承認自己的詭詐，也就只好承認她選中的是白石子了。

「當初你們沒有冷靜地思考，該怎麼去選擇，這樣迂迴，導致孩子就對學習產生厭倦感。故事裡在無從選擇的時候，都能拿出最好的答案，為什麼我們不在有選擇的時候選擇一個最好的呢？現在主要是讓孩子自己去選擇，自己冷靜地去選擇，讓孩子覺得選擇了就義無反顧，這樣，孩子的成績一定會進步的。讓孩子自己冷靜沉著地選擇一次吧。」這位母親聽了我的話，不好意思地答謝了一聲便離開了。

所以無論什麼時候，只要有選擇的時候，都要讓孩子冷靜沉著地去選擇屬於他自己的路，我們不要過多地去摻和，不然孩子衝動選擇出來的路，毀掉的是我們望子成龍、望女成鳳的夢。

緊張只會讓事情變得更糟

孩子常常會因為過度緊張而導致做事情屢試屢敗，不管是在學習上，還是在生活上。孩子遇到事情常常會緊張過度，當孩子太過於緊張的時候，我們應該告訴孩子緊張只會讓事情變得更糟，如果孩子還是遇事緊張的話，可以和孩子講這樣一個故事：

狐狸經常偷襲火雞，這令火雞們膽戰心驚，為了對狐狸的進攻進行有效地抵禦，火雞把自己棲息的樹當成了一座作戰的碉堡。陰險的狐狸已經繞樹轉好幾圈了，瞧見每隻火雞都在站哨警戒，不敢懈怠。

狐狸看到這種情況，氣急敗壞地喊著：「怎麼啦，你們這些躲在樹上的傢伙居然敢跟我作對，你們以為這樣就能免於一死！不，絕不！我對天發誓，我絕不會輕饒你們的！」狐狸還真兌現了自己的諾言。

這天晚上月色皎潔，好像專門與狐狸作對，然而這對火雞當然是再好不過的了，牠們可以對樹下的狐狸看得一清二楚。狐狸在圍城進攻敵手方面毫不含糊，牠詭計多端，一肚子壞水，忽而裝作佯攻向上爬，忽而又踮起身子向上移，接著裝死躺下，一會兒又爬起來。狐狸不僅豎起牠肥大而油亮閃爍的尾巴，還耍了各種各樣騙人的把戲。

在這段時間裡，沒有一隻火雞敢放鬆警惕打瞌睡，敵情使牠們兩眼睜圓，緊張地注視著前方的風吹草動。時間一長，這些可憐的火雞都頭暈目眩，不斷地從樹上掉下來，幾乎有一半的火雞掉了下來。狐狸把掉下來的火雞逮住，全都拴在了一起，並把牠們全殺死放進了自己的儲藏室。要知道，越是到了危急關頭，神經越是不能太緊張，否則會亂了自己的方寸，於是就會像火雞一樣，從樹上掉下來。

在這個故事裡，你看到了什麼？是否看到了孩子也常常會上演火雞的悲劇，常常犯一種考試症候群，而導致平時學習不錯，但是一到考試的時候，成績總是很不理想，這都是緊張惹的禍。怎麼讓孩子走出考試症候群的循環呢？再往下看看吧，或許能給你帶來一些實質性的幫助。

給家長的悄悄話

還是那句話，不要著急，慢慢來，先為孩子講一個奧地利版的「空城計」故事，讓緊張的氛圍變得輕鬆，再慢慢引導，這樣才更容易使孩子走出緊張的陰影。

西元 1799 年，當時法國的國力鼎盛。法國皇帝拿破崙一世派遣大將軍馬桑拿，率領精銳部隊共 18,000 人侵略鄰國奧地利。當時的法國軍隊橫行於整個歐洲，幾乎可以說是銳不可當。馬桑拿的部隊進兵至奧地利邊界一座名叫弗雷其克的小城。弗雷其克沒有正式的軍隊，面對法國大軍，也完全沒有任何準備。

馬桑拿的大軍在復活節的上午來到弗雷其克城外，駐紮在高地上。將士們耀武揚威地向城內高聲吶喊。弗雷其克城內的居民聚集在一起，商量該如何投降。在全城的大動亂當中，居民代表們從早上一直開會，到了下午，仍然商議不出一個結果。

最後，在會議中，有位長老發言，他說：「今天是復活節，我們從早上開會直到現在，也得不到任何的結論，完全無能為力。為什麼我們不停止討論如何投降？為什麼不一起來做復活節的禮拜？我建議立即敲響教堂的鐘，召集居民們一起來做禮拜，至於那些法國軍隊，就交給上帝去對付他們吧！」於是弗雷其克城內的各教堂鐘聲齊鳴，城內居民老老少少都聚集在教堂中，吟唱聖詩慶祝復活節。法國軍隊的統帥馬桑拿將軍是一位作戰經驗豐富的將領。他聽到弗雷其克城內傳來的鐘聲及詩歌吟唱聲，對他的幕僚群說：「情勢不妙，今天早上我們大軍初到時，城裡哭聲連天，而現在他們居然有心情慶祝復活節。根據我的經驗，應該是城裡有援軍來到！」馬桑拿的幕僚們也認為，不論對方的兵力是虛是實，法國部隊孤軍深入敵境，著實危險。馬桑拿便下令退兵。

弗雷其克城不費一兵一卒，單靠鐘聲及吟唱聖詩，令法國退兵，一時傳為美談。在戰場上如此，在人生的道路上同樣如此。越是處於困境時，越要沉著應對。在困境面前，無謂的慌亂只會喪失良機。冷靜下來，仔細思考，你將發現解決問題的方式正明明白白地呈現在你的眼前。

當我們陷入一籌莫展的境地時，我們就會感到心悸不安，腦子越來越亂，根本就想不出什麼對策來，這時候，你可以引導孩子聽聽音樂，或許也能像弗雷其克城一樣，跟平時一樣過著復活節，這樣就真的能絕處逢生，得到「復活」。

孩子聽完故事後，定然會清醒多了，或許有些朋友沒有看前文，直接切入主題，所以下面還是重複一件我們身上發生過的故事：

有一名小學生，他聰明、聽話、膽小、自尊心強。自幼深受父母的寵愛，父母均是知識分子，希望他能努力學習，考上前三志願的公立高中，將來考上國立大學。他在校表現一貫良好，嚴格遵守紀律，學業成績優異。他平時無論是課堂回答問題，還是課後作業品質，都經常受到老師的表揚。而且只要班上的學生有疑難問題，大都向他求教，他也能像老師一樣分析得特別透徹。這樣的學生誰能不喜歡呢？可是他卻有一個很大的弱點，那就是考試總也考不好。他曾經說過：「爸爸、媽媽對我的期望特別高，每次考試都囑咐我一定要考好。於是我考前總是想：『千萬別緊張，別緊張，一定要考好。』可是一到考場，腦袋就一片空白，兩手發抖，渾身出汗，什麼都想不起來了。」結果他每次考試都難以取得令人滿意的成績。

這就是常常發生在我們身邊的故事，孩子常常因為考試的時候過度緊張而不能正常發揮自己的水準，導致平時的學業成績和每次的考試不相稱。這也是我們常說的「考試症候群」，那麼到底如何讓孩子走出考試時的緊張惶恐呢？

首先我們應該先弄清楚考試症候群形成的原因：

- 學習是一項艱苦的勞動，檢驗這項勞動效果的有效途徑之一就是考試。如果在考試上不能過關，那麼誰能證明孩子學習效果呢？誰又能檢查孩子知識掌握的程度如何呢？從這一點看，孩子的緊張心理就會漸漸形成。
- 能否通過考試，當前的應試教育環境下，就意味著一個人能否升學、能否進入較好的公司，考試關係到一個人的生存和發展，所以孩子的緊張心理又會加重。

- 心理壓力過大。由於孩子的父母和老師對孩子的期望過高或提出過度的不恰當要求，導致孩子的心理壓力過大。在重重的心理壓力下，要想取得好成績是不容易的。
- 由於人為的因素錯誤地誇大了考試與孩子個人前途之前的關係，過度看重考試令孩子的情緒過度緊張，總是擔心自己準備不足，唯恐有自己不會答的考試題。
- 一方面，有的孩子自身缺乏自信心，有嚴重的自卑感，錯誤地低估了自己的能力和知識水準，面對考試總有一種失敗的預感；另一方面是考試前準備不充分，心中無底而心虛，對考試自然不會有信心。
- 有的孩子由於平時學業成績不錯，過度地自信，當考試時突然遇到自己不會的難題時，會對突如其來的棘手問題驚慌失措，其緊張程度是可想而知的。
- 有的孩子在考試前過度疲勞，或平時身體狀況不好，不能以良好的狀態去迎接考試，因此會在考試時緊張。
- 臨場過度緊張。由於考題難度大、考試時間短、監考人員過度嚴肅、考前準備不充分、文具不齊等，都會引起孩子臨場過度緊張。

那麼，怎樣才能讓孩子消除考試的過度焦慮和緊張呢？

- 給孩子減壓，告訴孩子別把考試看得太重要，對考試成績也不要期望過高。
- 告訴孩子要準備充分才能胸有成竹。基本功扎實才能有較強的自信心，考試才不會緊張。
- 讓孩子學會運用正確的應試方法，要先易後難，逐步適應。

- 讓孩子放鬆情緒，保持良好的心態。
- 告訴孩子不計較已經考過的科目，不讓已考過的科目成績的好壞影響後面科目的考試。
- 讓孩子考試前和考試中保持正常的生活方式，要張弛適度，注重營養，不「開夜車」。

親子加油站

怎麼培養孩子鎮定自若的性格：

1. 培養孩子的自信心，只有自信才能做到鎮定自若。
2. 讓孩子遇到問題的時候學會深呼吸，再冷靜下來想問題。
3. 讓孩子保持一種樂觀的心態，臨危不亂，處變不驚。
4. 事事做到三思而後行。

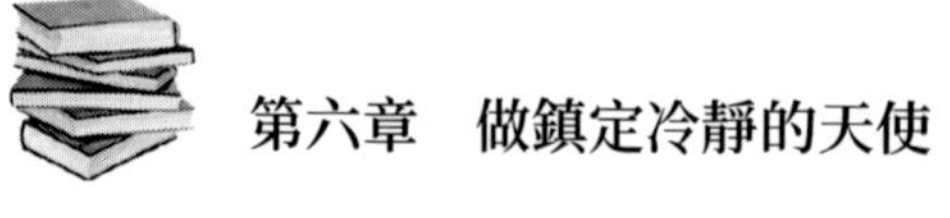

第七章

摘下粗心大意的帽子

宋朝時，有個畫家畫畫喜歡隨心所欲，令人搞不清他畫的究竟是什麼。一次，他剛畫好一個虎頭，碰上有人來請他畫馬，他就隨手在虎頭後畫上馬的身子。那人問他畫的是馬還是虎，他答：「馬馬虎虎！」那人不要這幅畫，他便將畫掛在廳堂。大兒子見了問他畫裡畫的是什麼，他說是虎，小兒子問他卻說是馬。

不久，大兒子外出打獵時，把人家的馬當老虎射死了，畫家不得不給馬主賠錢。一次，他的小兒子外出碰上老虎，卻以為是馬想去騎，結果被老虎活活咬死了。

畫家悲痛萬分，把畫燒了，還寫了一首詩自責：「馬虎圖，馬虎圖，似馬又似虎，長子依圖射死馬，次子依圖餵了虎。草堂焚毀馬虎圖，奉勸諸君莫學吾。」

你的孩子做事是否馬虎？告訴孩子馬虎不得，只有把粗心大意的帽子摘了，才能見到認真將軍。

給粗心的孩子開幾道藥方

粗心大意是一種非常不好的性格，如果沒有及時把這種性格優化的話，孩子將像下面故事中的這位小豬苗苗一樣讓自己陷入尷尬：

小豬苗苗要當個護士了，可牠以前總是粗心大意，不知道這次能不能改掉這個壞毛病。

小豬苗苗上任第一天，鹿先生來看病了。

「鹿先生，你怎麼了？」

「我感冒了，幫我開個感冒藥。」

「好！」

小豬苗苗看了看放藥品的櫃檯，治感冒、頭痛藥的外包裝有些類似，牠沒仔細看，就隨手把頭痛藥給了鹿先生。

「謝謝！」鹿先生說了聲便走了。

白兔妹妹又來看病了。

「怎麼了白兔妹妹？」

「我頭痛，幫我開個頭痛藥。」

結果，小豬苗苗給了白兔妹妹感冒藥。

一天過去了，小豬苗苗一大早就看見鹿先生和白兔妹妹跑過來，小豬苗苗還以為鹿先生和白兔妹妹病好了，前來感謝牠了呢，結果經過牠們倆一說，小豬苗苗的臉紅了，說:「對不起，鹿先生和白兔妹妹，是我不好，不應該做事太粗心，如果我不粗心的話，也不會耽誤了你們的病情，真對不起，下回我一定注意，改掉這個壞毛病。」

是不是感覺孩子跟小豬苗苗一樣，每一次粗心大意犯錯後，總是說「下回我一定注意，改掉這個壞毛病。」可是下回還是一樣會犯粗心大意的毛病？家長們也常常會對孩子產生失望的情況，覺得沒有辦法了，孩子性格本來就是這樣的了，改也難改了。但是家長必須得清楚，粗心不是一時的事，而是孩子一輩子的事，只要染上了粗心大意的毛病，不治的話，將禍害終身。而「治療」其實也不難，只需給孩子開幾道藥方，這道不行，就試試那道，總會把這個壞毛病給治好的。

我們先來看看孩子身上粗心的通病吧！

我兒子今年上一年級了，老師說他聽課挺認真的，問什麼問題都能答上來，回家做家庭作業速度也快，但經常做錯，作業本上每頁都有「×」，問問孩子錯的這些題實際上他也都會。有些時候他做題時，你檢查出他的錯題只要一提醒，他就會「啊呀」一聲頓時恍然大悟。粗心使不該錯的作業都錯了，遇到測驗考試，成績也大打折扣。為此，我很傷腦筋。

我們來看看「醫生」給孩子開的「藥方」：

首先，幫助孩子安排作息時間。讓孩子學會「專時專用」，玩要玩得舒心暢快；寫作業時要專心致志、絕不分心。這裡，保證孩子有足夠的娛樂和休息是不可忽視的。

其次，幫助孩子養成認真仔細完成作業的習慣。告訴孩子要仔細看題目，認真想問題，寫作業先要保證品質，再力求提升速度。平時要經常督促孩子「審題三遍，再動筆」，養成認真審題，認真複查的好習慣。

再次，為孩子準備一本錯題集。當孩子因粗心而做錯作業時，不妨讓孩子在錯題集中把錯誤記錄下來，和孩子一起分析做錯的原因，並找出規律。這種方法對於提升孩子了解粗心大意的危害，提升改正粗心的缺點很有好處。

最後，用目標激勵孩子上進。可和孩子一起制訂減少「×」的近期目標，並輔之以獎勵措施。如：本週或今天作業本上有五個「×」，下週或明天要求減少一個「×」，直至消滅「×」。每到一個目標就給予精神或物質獎勵。這種用目標激勵孩子上進的方法，也能幫助孩子逐步乃至最終消滅因粗心造成的錯誤，從而養成仔細認真的好習慣。

整個「療程」為 21 天，每天都要按上述方法堅持做。或許很多家長會覺得 21 天太長了，但是 21 天後您的孩子就可以形成一種習慣，形成一種認真仔細的性格，這只需家長每天花一點點「服藥」的時間陪陪孩子。

為此，醫生還開了一道輔助藥方，這道藥方無論是孩子學習上粗心，還是生活上粗心都可以用：

- **從身邊的小事做起，來培養孩子的細心能力**：孩子的心理還不成熟，所以在思想上和孩子灌輸大道理孩子是不會聽的，即便聽了，也不會記在心裡，我們要從孩子身邊的小事說起。比如要求孩子每天整理自己的房間，用過的物品做到「物歸原處」，學習資料擺放有序，做完作業就整理書包，且一樣一樣檢查。在孩子做這些的同時，你要不斷地提醒、指導，並配以適時和恰當的鼓勵。

- **排除干擾是培養孩子細心不可少的因素**：如果孩子在專心做事時受到過多的干擾，就會心緒煩亂，情緒不穩，注意力就會不集中，很難做到全神貫注。在孩子寫作業時家長應盡量不發出聲音，而是坐下來看書，陪孩子一起學習，以此來排除干擾，給孩子創造一個良好的學習、生活環境，使孩子能夠集中注意力做事。
- **讓孩子養成做事時認真，做事後檢查的習慣**：粗心的孩子在做事時不專心，做完事後也不檢查。為此，家長們應該讓孩子養成做事時要專心，做事後要檢查的習慣。要孩子養成好習慣，可以適當地用一些獎懲手段。總之，培養好習慣用加法，改掉壞習慣用減法，慢慢地孩子就會走粗心，邁向認真。
- **改變要求，加強自律**：用結果而不是用時間來要求孩子，也許效果會更好。比如要求孩子做對幾道題後可以出去玩，而不是做二十分鐘題後才能玩。加強孩子的自律，讓孩子養成自我檢查的習慣，自己發現錯誤並及時改正。
- **注意細心訓練和習慣培養**：經常做一些精細和對比訓練，做一些類似「找不同」等提升注意力、辨別力的訓練，在實際操作中一點點提升認知能力和視覺辨別能力。透過努力發現並及時肯定孩子的細心來糾正粗心，以強化細心、淡化粗心來達到改變粗心的目的。

小叮嚀

家長們給粗心的孩子用藥時需注意的相關事宜：

千萬不要給孩子貼負面標籤，即使孩子有粗心的毛病也不能總放在嘴上說：「你為什麼一直這樣粗心啊！」「以後不要再這樣粗心大意了！」……如果這樣一遍一遍地說孩子粗心，其實是沒有讓孩子改變粗心的性格，反而在強化粗心的性格。因為孩子聽得多了，孩子就會認為自己就是這個樣子，這樣，孩子的粗心就會越來越嚴重。如果反過來做，在孩子偶爾不粗心的時候馬上表揚孩子，強化孩子的細心，這樣，慢慢孩子就會向著細心的方向發展了。一段時間後，讓孩子感覺到自己其實是可以很細心的，慢慢地，細心的好習慣也就養成了。

從「德國佬的認眞」說起

說起德國我們並不陌生，或許你不會不知道愛因斯坦是誰，不會不知道康德、黑格爾、馬克思、叔本華、尼采、巴哈、海頓、莫札特、華格納、貝多芬是誰，不會不知道保時捷、奧迪、BMW、賓士是什麼。這些家喻戶曉的名人、品牌都來自於德國，一個占地面積並不大的國家，卻創造出了世界各國經濟實力排名第三的業績。很多人都會問為什麼德國人這麼優秀呢？

答案可能僅僅是很簡單的四個字「認真、執著」。記得有詩人曾經說過「世界上最可怕的兩個詞，一個叫認真，一個叫執著，認真的人改變自己，執著的人改變命運」德國人將世界上最可怕的兩個詞都做到了，怎麼會不優秀呢？所以不妨對粗心的孩子從德國人的認真說起。

或許你會問，是一種什麼樣的力量使得德國人在如此極端糟糕的情況下，仍能表現出超出一般人想像的自律？答案只有兩個字：認真。因為認真是一種習慣，它深入到一個人的骨髓中，融化到一個人的血液裡。因為這兩個字，德意志民族在經歷了 20 世紀初及中葉兩次毀滅性的世界大戰之後，又奇蹟般地迅速崛起。

如果孩子還不信服德國人的認真，你還可以再講一個故事：

1984 年，一家柴油機廠聘請德國退休企業家格里希任廠長。

格里希上任後開的第一個會議，市有關部門主管也列席參加了。沒有任何客套，格里希便單刀直入，直陳主題：「如果說品質是產品的生命，那麼，清潔度就是氣缸的品質及壽命的關鍵。」說著，他當著有關方面主管的面，在擺放在會議桌上的氣缸裡抓出一大把鐵砂，臉色鐵青地說：「這個氣缸是我在開會前到生產線隨機抽檢的樣品。請大家看看，我都從它裡面抓出來了些什麼！在我們德國，氣缸雜質不能高於 50 毫克，而我所了解的資料是，貴廠生產的氣缸平均雜質竟然在 500 毫克左右。試想，能夠隨手抓得出一把鐵砂的氣缸，怎麼可能雜質不超標？我認為這絕不是工藝技術方面的問題，而是生產者和管理者的責任感問題，是工作極不認真的結果。」一番話，把坐在會議室裡的有關管理人員說得坐立不安，尷尬之極。

認真是一種力量，它大到能使一個國家強盛，小到能使一個人無往而不利。告訴孩子一旦認真二字也深入到自己的骨髓，融化進自己的血液，則會煥發出一種令所有的人（包括自己）都感到害怕的力量 —— 那就是像德國一樣成功崛起的力量。

如果孩子還聽不懂上面的那個故事，你可以給他再講一個德國人生活的故事：

一個普通人和一個德國人每天早餐都是一杯牛奶和一個雞蛋。普通人把雞蛋往鍋裡一放，然後出去盥洗或做點別的，等再回來，雞蛋就煮好了。但德國人會用一個差不多剛好裝得下一個雞蛋的專門容器，下面放托盤，然後加滿水，1 分鐘水就開了，3 分鐘就關火。關火之後利用餘熱再悶 3 分鐘，把雞蛋煮到剛剛達到營養價值最高的狀態。接下來用冷水泡 3 分鐘，使蛋皮很容易剝開。德國人認為這樣做很標準，然而我們卻常常笑他們吝嗇或死板。但是他們卻節約了 4/5 的水、2/3 的熱，同時還讓雞蛋達到了最佳的營養價值。

這就是一個民族迅速崛起的方法 —— 認真。只要我們能克服粗心，學會德國人的半點認真，孩子就有可能變成下一個愛因斯坦或下一個貝多芬。

備選故事任你挑

或許你現在還停留在德國人的認真裡，現在再來看看一位留學生在德國的惡作劇。看看德國人吧：一名留學生初到德國，還未見識過德國人的認真，所以深夜便在學生公寓旁的電話亭上一邊貼了一個字：男、女。第二天奇怪的現象發生了，在貼有「男」字的那邊排了長長的隊，而貼有「女」字的那邊卻沒有人打電話，也沒有一個男生去那邊打電話，於是他便為自己的行為感到愧疚。

認真是一種態度，更是一筆財富，認真就是一種認定，只要你認定了它，它就會認定你。所以可以嘗試著讓孩子跟認真當好朋友了。

認眞是可以値得託付終身的

一天，女兒跑來我的書房問我「什麼樣的男人可以託付終身？我應該嫁給一個怎樣的男人？」

聽到女兒的話，我驚呆了，一個十歲的小女孩竟然會有找什麼樣的男人的念頭。我本想臭罵她一頓的，但是孩子的思維已經存在了，再加以批評的話，只會讓孩子越來越固執，女兒之所以什麼問題都敢來問我，是因為她所問的問題我都能給她一個近乎滿意的答案。

「像你這樣大喇喇的女孩子，應該找一個叫『認真』的男人，只有嫁給了『認真』，你的一生才會幸福美滿。」女兒看著我說「誰是『認真』呀？」

我笑著說「『認真』就是『認真』，你不會連『認真』都不認識吧？」女兒搖搖頭，看著我，我知道她又想從我這裡「偷」故事了，於是我便又「挖」出來這樣一個「認真」的故事：

泰國的東方飯店堪稱亞洲之最，不在前一個月預定是很難有入住的機會的，而且客人大都來自西方已開發國家。東方飯店的經營如此成功，他們有什麼特別的優勢嗎？他們有新鮮獨到的招數嗎？回答是否定的，沒有，什麼都沒有。那麼，他們究竟靠什麼獲得傲人的業績呢？要找到答案，不妨先來看看一位姓王的老闆入住東方飯店的經歷。

王老闆因生意需要，經常去泰國，第一次下榻東方飯店就感覺很不錯，第二次再入住時，他對飯店的好感迅速升級。

那天早上，他走出房間去餐廳時，樓層服務生恭敬地問道：「王先生是要用早餐嗎？」王老闆很奇怪，反問：「你怎麼知道我姓王？」服務生說：「我們飯店有規定。晚上要背熟所有客人的姓名。」這令王老闆大吃一驚，因為他住過世界各地無數高級飯店，但這種情況還是第一次碰到。王老闆走進餐廳，服務小姐微笑著問：「王先生還要老位子嗎？」王老闆更吃驚了，心想儘管不是第一次在這裡吃飯，但最近的一次也有一年多了，難道這裡的服務小姐記憶力這麼好？看到他吃驚的樣子，服務小姐主

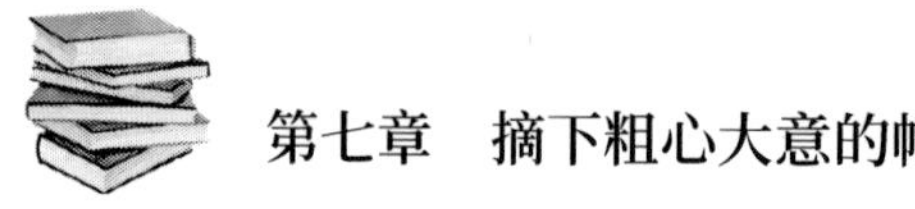

動解釋說：「我剛剛查過電腦記錄，您在去年的 6 月 8 日，在靠近第二個視窗的位子上用過早餐。」王老闆聽後興奮地說：「老位子！老位子！」服務小姐接著問：「和上次一樣，一個三明治，一杯咖啡，一個雞蛋？」王老闆已不再驚訝了：「和上次一樣，感謝！」

王老闆就餐時餐廳贈送了一碟小菜，由於這種小菜王先生第一次看到，就問：「這是什麼？」服務生退兩步說：「這是我們特有的小菜。」服務生為什麼要先後退兩步呢？她是怕自己說話時口水不小心落在客人的食物上。這種細緻的服務可以說在很多高檔的飯店裡王老闆都沒有見過。

後來王老闆兩年沒有再到泰國去。在他生日的時候突然收到一封東方飯店的生日賀卡，並附了一封信，信上說東方飯店的全體員工十分想念他，希望能再次見到他。王老闆激動得熱淚盈眶，心想一定再到泰國去，一定要住在東方飯店，並且要說服他的朋友像他一樣選擇東方飯店。

原來，東方飯店在經營策略上的確沒使什麼新招、高招、怪招，他們採取的仍然是慣用的傳統辦法：提供人性化的優質服務。只不過，在別人僅局限於達到規定的服務水準就停滯不前時，他們卻進一步挖掘，抓住大量別人未在意的細節，堅持不懈地把人性化服務延伸到各方各面，落實到點點滴滴，不遺餘力地推向極致。由此，他們靠比別人更勝一籌的服務，贏得了顧客的心，飯店天天客滿也就不奇怪了。

東方飯店的做法令人深思。在這個競爭的年代，做什麼事如果只會做「規定動作」，只滿足於和別人做得一樣好，沒有竭盡全力超越別人，爭創一流做到極致的意念和行動，就難以從如林的強手中勝出，在激烈的角逐中奪魁！

「你就要找像東方飯店一樣認真注意每一個細節的男人，這樣的男人無論走到哪裡都會讓你感到一種無比的榮耀，即便他身無分文，一樣可以用他的認真創造出你一生都享用不完的物質財富和精神財富。」我笑著跟女兒說道，她嘟著小嘴說「每次都問不到實質性的問題就被打回來了。」

離開我書房的時候，還嘀咕著「假如『認真』是個女生呢？」然後我便跟她說「那你就認她做姐姐吧。」女兒做了一個鬼臉，說了句「無語。」心悅誠服地跑回了臥室。

從唐詩裡找出認眞的足跡

在唐詩裡就有一位令時人佩服得五體投地的認真詩人。

首先還是陪同孩子溫故一下這首唐詩《尋隱者不遇》：

松下問童子，言師採藥去。
只在此山中，雲深不知處。

很少有人沒讀過這首詩，但是這是誰的作品呢？要不是女兒提醒，包括我在內很多人或許都已經忘記了。如果你也不知道，那麼可以用一個故事幫你和孩子加深對這個人的印象，尋覓唐詩認真的足跡。

「爸爸，什麼是苦吟派？」女兒拿著暑假作業走到我的面前。

我想了許久只想出一個賈島來，但是還是無法對苦吟派做出很好的解釋。於是便跟女兒說：「這個問題，爸爸真的忘了，可以給爸爸五分鐘的時間嗎？」女兒點點頭。

「還記著這首詩嗎？松下問童子，言師採藥去。只在此山中，雲深不知處。」

「記得，這是唐朝詩人賈島的詩。」女兒竟然記得這首詩的作者。

「賈島就是苦吟派詩人的代表，苦吟派就是為了一句詩或是詩中的一個詞，不惜耗費心血，花費工夫來作詩的一個派別。賈島曾用幾年時間來寫好一首詩，這就是唐朝人作詩、做事的認真，所以唐詩也因為有他而熠熠生輝。」女兒聽後，還是一頭霧水地看著我。似乎我解釋得不夠好。所以便用了賈島認真寫詩的故事加以解釋：

有一次，賈島騎著毛驢在長安朱雀大街上走。那時正是深秋時分，秋風一吹，落葉飄飄，那景色十分迷人。賈島突然來了靈感，吟出一句「落葉滿長安」來。但一思索，這是下一句，還得有個上句才行。他就苦思冥想起來了，一邊騎驢往前走，一邊念念叨叨。對面有個官員過來，不住地鳴鑼開道。那鑼敲得山響，賈島愣是沒聽見。那官不是別人，正是京兆尹，用今天的職務來說就是市長。他叫劉棲楚，見賈島闖了過來，非常生氣。賈島忽然又來了靈感，大叫一聲：「秋風生渭水。」劉棲楚嚇了一跳，以為他是個瘋子，叫人把他抓了起來，關了一夜。賈島雖然吃了不少苦頭，卻吟成了一首詩《憶江上吳處士》：

閩國揚帆去，蟾蜍虧復圓。
秋風生渭水，落葉滿長安。
此處聚會夕，當時雷雨寒。
蘭橈殊未返，消息海雲端。

賈島吃了一回虧，還是不長記性。沒過多久，他又一次騎驢闖了官道。他正在反覆思索著這首詩：

閒居少鄰並，草徑入荒園。
鳥宿池邊樹，僧敲月下門。
過橋分野色，移石動雲根。
暫去還來此，幽期不負言。

賈島有一處拿不定主意，那就是第二句中的「僧推月下門」。他覺著「推」不太合適，不如「敲」好。嘴裡就「推、敲，推、敲」地念叨著。不知不覺地，就騎著驢闖進了大官韓愈的儀仗隊裡。

韓愈比劉棲楚有涵養，他問賈島為什麼亂闖。賈島就把自己做了一首詩，但是其中一句拿不定主意是用「推」好，還是用「敲」好的事說了一遍。韓愈聽了，哈哈大笑，對賈島說：「我看還是用『敲』好，萬一門是關著的，推怎麼能推得開呢？再者去別人家，又是晚上，還是敲門有禮貌呀！而且一個『敲』字，使夜靜更深之時，多了幾分聲響。靜中有動，豈不活潑？」賈島聽了連連點頭。他這回不但沒受處罰，還和韓愈交上了朋友。

「推敲」從此也就成了為了膾炙人口的常用詞，用來比喻做文章或做事時，反覆思索，反覆斟酌。

「太不可思議了，我感覺他是一個瘋子，為了一個字來回推敲，簡直就是浪費時間。他可以兩首都寫下來，再讓別人評選出好與不好不就行了嗎？他怎麼這麼笨呢！」女兒有些想不通。因為女兒如今玩的網路文學，從來就不需要再雕琢文字，想到什麼寫什麼，好壞由讀者說去，他們從來也不在乎什麼推敲，所以我看她網上的文章時，常常都有文不達意的地方或別字連篇處。

於是我便跟女兒說：「如果不是唐人反覆對詩歌進行斟酌、推敲，唐詩也一樣會跟現在的速食文學一樣，「吃了」就被人扔到垃圾桶去。每一種認真付出換來的東西也一樣是等值的。如果你想要自己的作品流傳下去，想讓你的作品流傳於街頭巷尾，你就得認真去寫、去推敲，而不是把半成品給讀者。你要知道是讀者選擇你，而不是你選擇讀者，倘若你是一個讀者，你願意去讀半成品嗎？」女兒聽了我的話後，臉漲得通紅，一時不知該說些什麼，於是在一旁認真地做著暑假作業。

細心總是和粗心在捉迷藏

我朋友的女兒珍珍今年上三年級，平時學業成績很不錯，但是常常因為粗心大意將最簡單的題目做錯，朋友為此很苦惱，常常批評珍珍，但是終不見效。

一天，珍珍放學後，隨我女兒佳佳一起回我家玩。珍珍跟我說：「我爸爸常常罵我粗心大意，可是我也很想細心，很想不讓爸爸媽媽為我操心，他們每天工作已經夠累了，每天晚上還要監督我寫作業，提醒我記得要檢查作業。可是我總是不夠細心，作業裡始終會有那麼一兩處總有大意出錯。我感覺自己很沒用，叔叔，我想問問你，怎樣才能細心？」

聽到珍珍乖巧的話，我為我的朋友感到一絲欣慰，「珍珍，我和你講個故事吧。」

在美國有一位叫特森的自然科學老師，一天，他在上課時介紹了一種「長翼飛貓」的動物，他說，這種動物是在夜間活動的，適應能力很差，早在冰河時代就全部滅絕了，如今沒有留下任何的遺跡。他一邊講解，一邊給學生們展示一個頭蓋骨。同學們都認認真真地做筆記。

接著，老師進行了一個小測驗，但是，兩天後，同學們拿到批改過的考卷時，都傻了眼，一個大大的紅叉自上而下觸及每一道題的答案。同學們認為這一定是弄錯了！每道題老師課上都講過，答案也與筆記上的一樣，但為什麼會這樣呢？

「珍珍，你知道為什麼嗎？」我問到。

珍珍搖搖頭說「為什麼？」

最後老師說，很簡單，所謂「長翼飛貓」完全是他杜撰出來的，根本沒有這種動物，所以，同學們筆記本上記的東西全是子虛烏有的東西，這樣的筆記當然也不足為憑了。

然而，大家應該有所察覺，因為特森老師反覆強調，這種動物早已滅絕了，而且遺跡全無，但他卻可以展示「長翼飛貓」的頭蓋骨（實際上是貓的頭骨），又繪聲繪色地向學生講述了這種「長翼飛貓」是如何如何目光如炬，飛姿似鷹，皮毛若裘，他還說出了很多很多的資料。既然遺跡全無，他是怎麼知道的呢？又怎麼會有一副頭蓋骨呢？然而，沒有一位同學去質疑，因此，特森先生說，從測驗來看，你們從來就沒有認真聽過課，沒有認真去思考過老師所講的每一個細節，所以這也是你們得「大鴨蛋」的原因。

從那以後，同學們便學會了聽特森老師的課，認真地聽老師講的每一個細節，生怕再出現什麼錯誤。

「知道嗎？珍珍，細心總是和粗心在玩著捉迷藏的遊戲，而且細心是藏得很隱蔽的，如果你粗心大意地找，肯定找不到。」珍珍聽我解釋後說，「那我以後天天跟細心捉迷藏，看看它細心還是我細心，我就不信找不出來它。」我微笑著點點頭。

認眞是機遇，更是一種素質

粗心大意的人，注定會與機遇擦肩的，因為機遇往往藏在細微處，只有認真地掌握每一個細節，才能掌握住機遇。

一位家長埋怨說：「兒子在班上可謂是最聰明的孩子，但是孩子很粗心，孩子有個特點，對於簡單的事才粗心，對於難的事往往會很專注地去做，所以班上若有難題，只要有他在，沒有解決不了的。但是每一次選去參加比賽的時候，卻往往不給孩子參加的機會。我幾次都想向學校反映這個情況，憑什麼不讓更聰明的孩子去參加競賽！」

對於這位家長的埋怨，我沒有說什麼，只和她講了這樣一個故事，她便向我道了一聲謝說：「我知道該如何做了。」

在一所大醫院的手術室裡，一位頗有名氣的醫師正在進行一個大手術，一位年輕的女孩第一次擔任護士。手術已經做完，就要開始縫合傷口了。年輕的護士突然發現了一個問題：「醫師，您取出了 11 塊紗布，但是我們用的是 12 塊紗布。」

醫師不耐煩地說：「我已經取出了所有的紗布，縫合吧！」

「不行。」小護士認真地清點了盤中的紗布，「只有 11 塊，應該還有一塊。」

「這裡由我負責。」醫師嚴厲地說，「縫合！」

「不，您不能這樣做！您要對病人負責。」

醫師笑了，他舉起他的手讓小護士看，第 12 塊紗布就在他的手心裡。他一直想物色一個認真又細心的助手，他認為已經找到了。

機遇就是在認真中孕育而生的，只要能認真地注意每一個細節，最後認真一定會回報一種機遇、一種素質、一種口碑給你。

給家長的悄悄話

如果孩子不知道粗心大意的後果，你或許就應該給孩子講這樣一個故事：

有一個木工，從森林裡砍了一棵大樹，準備蓋房子時做棟梁。他好不容易把大樹拖回家，心裡有說不出的高興。

他趁著高興，也沒有多想，拿起鋸子就鋸。哼哧哼哧鋸了半天，費了很大的力氣，累得大汗淋漓，終於鋸完了。鋸完以後，他發現鋸得太短了。

「怎麼辦呢？那就改做門框。」他想。於是，他又拿起斧頭就砍。叮叮噹噹砍了半天，累得直喘氣，終於砍好了。可一看，木料砍得太薄了，根本不能當門框用了。

沒辦法，只好改做扁擔了。於是，他不管三七二十一，拿起鉋子來就刨。刨呀刨，刨了半天，刨好後一看，「哎呀！又刨得太小啦！根本沒辦法做扁擔了。」

「這該如何是好呢？好！那就改做刀把吧！對，就這麼決定了！」木工想。他馬上操起削刀，咬緊牙，一個勁地狠削。因為用力過猛，好幾次差點削到手。真是皇天不負有心人，刀把削好了。木工拿起削好的刀把往刀上一套，糟糕了，削得太細，不能用了。如果扔了，他又覺得太浪費了。

「這該怎麼辦……」木工想了想，突然有了辦法:「可以改做牙籤嘛！」儘管如此，他還是很耐心地用小刀慢慢地削，最後，終於把牙籤做成了。

這時，他已經筋疲力盡，渾身大汗了。他累得一屁股坐在了椅子上，把牙籤含在嘴裡，終於可以喘一口氣了。突然，聽見啰嚓一聲，連牙籤也斷成了兩截。

辛辛苦苦把一棵大樹從森林裡砍回來，本來這棵大樹可以成為棟梁之材的，最後卻因為木工的粗心大意，成了一堆廢木，連根牙籤的價值都實現不了。粗心大意可以讓棟梁變成廢品，一樣可以毀掉一個神童的大好前途。所以世界上最怕的就是「認真」二字，沒有了它，即使你神通廣大，也一樣會一敗塗地。

那麼如何才能讓孩子有一顆認真的心呢？

- **運用目標的力量**：給孩子設定一個目標，讓孩子在充足的時間限制內，專注地去做好一件事，集中精力去完成一個目標。在目標完成後，孩子就會感覺到只要認真去做事就一定能成功，給孩子一種對認真的自信。
- **培養孩子對認真的興趣**：可以透過一些孩子感興趣的訓練科目、訓練方式、訓練手段來培養孩子，比如在規定時間內「找不同」的遊戲，或者是陪同孩子玩「連連看」的小遊戲，在小遊戲中，孩子會品嘗到認真帶給自己的快樂，從而對認真產生興趣。

- **培養孩子認真起來的自信心**：只有孩子有了對認真的自信，孩子才能去認真，而這種自信的建立是透過孩子看到認真換來的成果而來的，所以給孩子制訂一些小目標，讓孩子認真去完成，這樣，孩子就會在建立起信心。
- **讓孩子學會排除外界干擾**：只要孩子學會排除外界的干擾，無論在怎麼喧鬧、嘈雜的環境下都能認真地進入學習的狀態。可以讓孩子嘗試著一邊聽輕音樂，一邊讀書，如果這樣孩子都能靜下心來把書看好，自然就能排除外界干擾了。
- **讓孩子學會排除內心干擾**：在很安靜的環境下，孩子也總是很容易分心，這主要來自於孩子內心的干擾，所以要讓孩子學會排除內心的干擾，可以嘗試讓孩子在心情很糟糕的時候大聲朗讀課本，讓孩子慢慢走進書中，這樣便能慢慢變得專注了。
- **讓孩子保持一種輕鬆的心態**：只有保持一種輕鬆的心態，才能認真做一件事。

親子加油站

過於認真的孩子往往會畏首畏尾，做事追求完美，當孩子過於認真怎麼辦？

1. 尊重孩子，允許孩子按照自己的意圖做事。
2. 教育孩子凡事只求盡力，不求完美。
3. 培養孩子的獨立人格。父母要肯定孩子的獨立見解，讓孩子看到自己的優勢，產生自信。

4. 與孩子溝通。對待孩子的過度認真，父母不要誤認為是優點而盲目地加以表揚；對待出現的問題，父母要及時找出原因，及時與孩子溝通，了解孩子的想法，發現孩子潛在的問題。

第八章
帶著堅強與執著繼續上路

在學習了德國人的認真後，讓我們繼續帶著堅強執著上路。因為堅強可以讓執著的路走得更堅定，執著可以讓人生的路走得更成功。有了堅強和執著牽手的人生，必然是一種成功的人生。

給孩子煮一盤堅強的南瓜

懦弱的孩子可以說是其父母的一塊心病，又不敢跟孩子直言，但是又很想去改變孩子懦弱的性格。一位做身心科醫師的朋友告訴我曾經遇到過這樣一位母親的諮詢：

我的女兒微微上小學二年級了，班上每個同學都可以隨便拿、用她的文具，而她儘管百般不願意也不敢開口反抗。比她小兩三歲的孩子打她、推她，她疼得直掉眼淚，也不還手、也不敢告訴老師。有時候真不知該怎麼辦，有好幾次我實在是忍無可忍了，就罵她「你怎麼回事，別人打你，你就還手打她，不然就告訴老師。」但是孩子卻沒有一點改變，看著孩子每次被人霸凌欺負，我很心疼，但有不知道該怎麼辦。我知道這種懦弱的性格也說明孩子善良，但是人善被人欺，馬善被人騎，我不想因為善良而讓孩子受苦。我該怎麼辦呢？

朋友說其實大多數性格懦弱的孩子，基本上都是因為家長過於溺愛所導致的，因為微微是早產兒，所以父母過於溺愛，導致她失去了動手的能力和機會，從而變得性格懦弱。我問朋友，像這樣的孩子應該怎樣引導，朋友提出了以下幾點意見和建議：

- 做與年齡相對的生活訓練。比如兩三歲的小孩子要學會吃飯、喝水、拿兒童刊物，五六歲的孩子要自己穿衣服，洗澡、洗臉、洗腳、收拾玩具、掃地、倒垃圾，小學生則要學會收拾自己的房間、洗碗等。

- 怯懦的孩子尤其需要鼓勵，比如當孩子和陌生人開口說話時，家長就應及時表揚「你的交際能力提升了！」
- 傳授孩子一定的社交技巧。比如「想和別人交朋友就要學會分享好東西」、「別人要欺負自己，第一次需警告對方，第二次要求助或反擊」……此外，父母還可以邀請朋友、同事、鄰居的孩子到自己家來玩樂，讓孩子擔任主人接待小朋友，父母則自動迴避。
- 懦弱的孩子被欺負，通常選擇默默地忍受，這可能會引發神經性的胸悶、頭暈、睡眠不好、情緒壓抑……因此，父母可以鼓勵他們講出自己被欺負的經歷，讓孩子發洩出內心的憤怒。

朋友最後還和我講了這樣一個故事：

在美國麻省安默斯特學院（Amherst College）曾經進行了一個很有意思的實驗。

實驗人員用很多鐵圈將一個小南瓜整個箍住，以觀察當南瓜逐漸長大時，對這個鐵圈產生的壓力有多大。最初他們估計南瓜最大能夠承受 500 磅的壓力。

在實驗的第一個月，南瓜承受了 500 磅的壓力；實驗到第二個月時，這個南瓜承受了 1,500 磅的壓力；當它承受到 2,000 磅的壓力時，研究人員必須對鐵圈加固，以免南瓜將鐵圈撐開。最後，整個南瓜承受了超過 5,000 磅的壓力後瓜皮才破裂。

最後，實驗人員將這個南瓜打開，發現它已經無法再食用了，因為它的中間充滿了堅韌牢固的層層纖維；為了吸收充足的養分，以便於突破限制它生長的鐵圈，它所有的根往不同的方向全方位地伸展，直到控制了整個花園的土壤與資源。

「由南瓜的成長想到孩子的成長，倘若孩子也能像南瓜一樣在承受巨大的壓力，不斷地去掙脫艱苦環境的牢籠，又何愁孩子不堅強呢？所以不妨為孩子煮一盤這樣的南瓜，當孩子無法吃的時候，再講出這樣的故事，孩子定然會有所感悟。」我的朋友意味深長地說。是呀，煮一盤堅強的南瓜，講一個堅強的故事，孩子就會慢慢從懦弱中走出來。

小叮嚀

應該怎樣讓孩子自己走出懦弱呢？

1. 讓孩子正確評價自己。如實地看待自己的長處和短處，堅信自己並不比別人差，在任何事面前都要理直氣壯，胸有成竹，使懦弱遠離自己。
2. 讓孩子正確表現自己。學會在適當的場合表露自己，多做一些力所能及、掌握較大的事情。因為，任何成分都會增強人的自信、力量和勇氣，要不斷地尋找機會表露自己，逐漸克服懦弱的性格。
3. 讓孩子不斷充實與提升自己。讓孩子明白自己存在的不足，以最大的決心和頑強的毅力去克服這些不足，不斷學習、充實、提升自己，這樣，相信孩子一定可以克服懦弱的性格。

講個「握著堅強執著看希望」的故事

播種一種心態，收穫一種性格；播種一種性格，收穫一種命運。每一種性格的形與心態息息相關。懦弱與堅強的心態可以在同一種環境中形成。

因為女兒過於膽小，所以在女兒六歲的時候，我讓她去參加了一次野外訓練營的活動，在野外訓練營的第一天，教練就給孩子們講了這樣一個故事：

比爾在大學畢業後，應徵入伍，被派遣到英國海軍第七陸戰隊第五特遣隊。

就在比爾興沖沖地前去報到一週後，還沒等他充分地欣賞和享受加州迷人的海灘、和煦的陽光，他所在的部隊就奉命開赴沙漠地區，進行野外生存訓練。

對比爾來說，這次訓練既令他興奮又令他緊張。興奮的是可以領略沙漠美麗的風光，緊張的是他不知道即將開始的生活是什麼樣。

然而，初見廣袤沙漠的喜悅和興奮，也就在他的內心停留了兩三天，便被嚴酷的生存訓練課所吞噬。

比爾躺在自己挖的沙窩裡，一分一秒地忍受著耐力訓練給他帶來的孤寂與焦躁。他想找個人聊天，可是離他最近的列兵約翰也有 30 米遠，他們無法交談；他想睡一會兒，可是又怕毒蛇和沙塵暴的突然襲擊，他感覺眼前漫天的黃沙彷彿是一臺榨油機，正一點一點將他內心的那份堅強與自信榨乾。

然而，這一切只是他們這次訓練的開始。

就在他來到沙漠的第 15 天，他給他的父親 —— 一位陸軍將軍寫信，希望父親能利用他在軍界的關係將他調離特遣隊。

之後，等待便成了他每日軍營生活中唯一的希望。

一週後，他接到了父親的來信，父親在信中只和他講了這樣一個故事：

那是在第二次世界大戰時，在納粹的奧斯維辛集中營的一間狹窄的囚室裡關著兩個人，他們唯一能了解世界的地方，是囚室裡那扇一尺見方的窗口。每天早上，他倆都要輪流去視窗眺望外面的世界。

一個人總愛看窗外的天空，看藍色天空中的小鳥自由地翱翔。另一個人卻總是關心高牆和鐵絲網；前者的內心豁達而高遠，後者的心裡卻充滿了焦躁與恐懼。

半年後，後者因憂鬱死在獄中；前者卻堅強地活了下來，直到獲救。

同樣的環境為什麼孕育了兩種不同的人生態度？還有什麼事情比一個人每天努力地活下去更了不起呢？還有什麼能夠比一個人每天早上醒來，看見早上的陽光、藍天更令人愉快呢？如此一想，比爾的心窗亮了。

接下來的訓練中，比爾的內心彷彿又充滿了活力，他沒有辜負父親的用心，並在那次艱苦的訓練中因表現出色而獲得嘉獎。

「人生中，確實會有許多問題困擾著你，不同的是，同樣的困境中，有的人失敗了，有的人成功了。之所以會出現這樣的結果，問題就在於有人用一種堅強的心態去守望著希望，有的人卻被希望拖行著前行。所以無論你們在途中遇到什麼樣的困難都要記得，用一種堅強的心態去呵護希望，只要你夠堅強、夠執著，就沒有走不過去的困境。」教練充滿熱情地跟孩子說道。

在夕陽下山的時候，教練的話應驗了，握著堅強、執著的孩子都回到了原點，而性格懦弱、看不到希望的孩子，卻被困在了途中，有的跌倒在最後一次考驗中，有的在第一步就被絆倒。我在原點看著堅強的孩子們一個個要麼遍體鱗傷，要麼滿身泥濘地微笑著凱旋歸來。等了許久都不見我女兒回來。我便知道她肯定是在中途掉隊了。當全部孩子都回來的時候，卻不見女兒的蹤影，於是我便問教練，教練對我微笑著說：「你再等等，孩子沒事。」於是大家便在一起等著我女兒，不一會兒，女兒疲憊的身影蹣跚地出現在了我的眼簾。

教練說：「你的女兒很堅強，當孩子們都回來的時候，她還差最後一關，我們問她是否放棄，她說，我一定會在夕陽剛剛落下的時候到達終點的。我一定能，因為我也是比爾。」

當女兒的腳踩在起點線的時候，她望著夕陽，疲憊地露出笑臉，說「我成功了，我真的可以成功，因為我握著堅強執著地看著希望。」看到女兒的笑臉，大家都抱以熱烈的掌聲。從那以後我便相信一個故事可以改變一種心態，可以改變一種性格，可以改變一種命運。所以我一直都希望每個孩子心裡都有一個激勵自己前行的故事。

備選故事任你挑

你改變不了環境，但你可以改變自己，只要你夠堅強、夠執著，你就會成為一種環境；你改變不了事實，但你可以改變態度，只要你夠堅強、夠執著，你就會成為一種事實；你改變不了過去，你可以改變現在，只要你夠堅強、夠執著，你就會成為別人的未來；你預置不了明天，但你可以把握今天，只要你夠堅強、夠執著，你就會成為別人的明天。是的，只要你夠堅強、夠執著，世上便沒有不可以改變的事，包括懦弱、膽小的性格。

給孩子一個執著的感動

一次帶女兒去參加一個親子教育會的時候，看到了這樣的感動一幕，在場的孩子和家長都感動得默默拭著眼淚。

講演者一到講臺上就說：「我們每個人曾經都懦弱過，但是我們的堅強讓懦弱卻步了，我們每個人都曾想放棄，但是我們的執著堅持住了。很多家長說，孩子都太容易放棄，三年前，我去偏遠農村講演的時候，遇到過很多這樣的孩子，他們上完小學六年級，就放棄了學業，我問他們為什麼不想讀書了，他們說：『我想讀書，但是我不想父母太勞累，所以我要放棄學業為父母減輕負擔。』我想問問大家，這是誰錯了，或許大家會說，誰都沒有錯，但是我要說，是父母錯了。場下一片譁然，講演者咳嗽了一聲後，場下頓時安靜下來，他便和我們講了這樣一個故事：

那是一個風雪交加的早晨，一陣賣豆花的吆喝聲將我驚醒，我推開門一看，雪地裡有個壯丁挑了一擔熱氣騰騰的豆花正一聲聲叫賣著。

壯丁四十來歲，上身穿一件保全制服一臉的滄桑。從那生疏膽怯而猶豫的吆喝聲中，我聽出他是一個新手，而且內心飽含著焦灼而期盼的情緒。

在這樣寒冷的早晨，能吃一碗熱豆花是很愜意的。

那個壯丁身邊很快圍了一大群人，壯丁一瓢一瓢將桶裡潔白細嫩的豆花舀到碗裡，最後還給每人多加上一瓢豆花，把居民們樂得嘻嘻笑。

於是，這個冬天的早晨因為他而變得熱鬧、生氣勃勃了。

如此多日，大家和那壯丁混熟了，每次在買賣中少不了問候、說笑和拉扯些家常話，零零散散的你來我語中，我便知道了那壯丁的情況：他原先在工廠保全工作，做豆花是離職後開始學的，他家裡有一兒一女，正在讀國中，孩子在他離職後準備退學，但是他告訴孩子，只要他還有一雙手，就一定會供他們上學。

我吃著豆花，常常想像著那壯丁在前一夜如何備料，然後略微闔一會眼，便和妻子在燈下磨豆、在鍋裡煮豆，趕天亮前挑著擔子走街串巷叫賣。

生意好時，他便有暫時的快樂；生意差時，他就為一家人的生計和兒女的學費煩惱。他終年為生活奔波，他的生活是艱辛的。

他不是高山，只是芸芸眾生中的一粒塵土。他的生活開不出美豔的花朵，充其量只能算是淡淡的小花。

三年來，風雨陰晴、春夏秋冬，那壯丁日復一日地在小巷叫賣，擔子裡由豆花逐漸增加了些米粽。

巷子裡的生活，也日復一日地循環，讓我生出些厭煩。我的思想假如是刀，也叫這生活鏽蝕得鈍了、暗淡了。

後來有一段時間，那壯丁沒有出現。開始還有人提起，後來各人都忙於生計，也就忘了他。

這個冬天的早晨，我正坐在書桌前陷入深深的苦惱。我是追求生活詩意的人，可是我找不到這種詩意，我落入了無法自拔的悖理中，越是苦苦尋覓，就越是苦惱。

就在這時，窗外傳來了那個壯丁的叫賣聲。

居民們和那壯丁像久別重逢的朋友一樣，圍著那壯丁問詢，我側耳細聽，那壯丁歡快地笑著，說他這段時間送兒子上大學去了，他的兒子考上了大城市的國立大學。

我看見那壯丁的眼眶裡噙著淚花，額頭上也被早起的歲月深深地刻下了幾道皺紋，我同時第一次發覺他的神情是自豪的。

原來他粗鄙的生活裡，一直孕育著希望的種子，為了這希望，他日復一日堅韌地在風霜泥濘中跋涉。

很長時間以來，我一直以為只有高山、大河、日出、紅花才是生活的詩意，以為做豆花的人一定要拔高到肩挑日月、手挽乾坤才是詩意。

現在他讓我看到生活的另一面，艱辛裡精彩的一面，我的心靈在這個冬天受到強烈的震撼。

生活原本就是艱辛的、粗鄙的，而一個在艱辛中堅強生活，在苦難中默默執著於更好的生活憧憬的人，難道不比高山、紅花之類喧嘩的詩意更富有詩意嗎？

我看到在場的父母都在拭著淚水，陷入了沉思中：是的，的確是我們錯了，我們沒有給孩子一種執著的感動，因為我們沒讓孩子堅持下去，沒有讓孩子懂得執著的力量，雖然我們一直都在努力地為孩子的未來打拚著，但是我們還是錯了，錯在沒有給孩子一種執著的感動。

堅強就可以看到幸福的所在

或許那時候，你也曾幾次對你的愛人哼唱過這首歌「陪你去看流星雨落在這地球上，讓你的淚落在我肩膀，要你相信我的愛只肯為你勇敢，你會看見幸福的所在。」

可是你現在可以為你孩子哼唱這首歌，我並不是誤人子弟，因為當你給孩子哼唱的時候，這種愛已經成為了父愛、母愛，一種讓孩子堅強的愛。為什麼會是一種堅強的愛呢？要孩子相信，你的愛只肯為孩子勇敢，孩子就會便被你的愛所感動，而回報一種堅強的愛。

那天女兒在我書房的時候，我就哼了這首歌，女兒給我做了個鬼臉說「羞羞羞，在我耳邊唱情歌，我要去叫媽媽過來聽。」

「我是為你唱的，佳佳。」女兒詫異地看著我，「因為你不夠堅強不夠勇敢，所以我要愛讓你堅強，讓你勇敢。」我笑著跟女兒說。女孩的眼神，還是以為我瘋了，所以我便和她講了這樣一個故事：

在美國紐約附近的一個小鎮上，居住著一個 13 歲的少年，他的意志使他短暫的生命顯得有幾分悲壯。他很有運動天賦，足球、籃球樣樣精通，而且在中學時他就成為學校足球隊的主力隊員。不幸的是，沒多久他就大病了一場，他的腿瘸了，並迅速惡化成為癌症（cancer）。之後他不得不接受截肢手術。

所有的朋友都為他感到難過。但他並沒有因為再也不能踢球而變得鬱鬱寡歡。當他拄著拐杖回到學校時，他高興地告訴他的朋友們，他會裝上一條木頭做的腿，到時候，他可以把襪子用圖釘固定在腿上。朋友們被他的開朗和樂觀感動了，大家圍繞在他的身旁，說說笑笑。生活並沒有因為他失去了一條腿而變得不同。

時間又進入了足球賽季。他找到了教練，儘管他不能夠踢球了，但他希望能夠繼續留在校隊。他申請擔任校隊的經理，幫隊友們準備飲料、收衣服，為教練準備訓練用的沙盤推演，他的請求獲得了教練的批准。接下來的日子裡，他每天準時到達球場，將一切準備活動打理得井井有條，所有的隊員都被他的毅力感染了。可是，有一天，當隊員們到達訓練場的時候，他沒有來。隊員們都十分著急，不知道他發生了什麼事。後來聽說，那一天，他的癌細胞擴散，他只有不到兩個月的生命了。

他的父母決定對他隱瞞這件事。而這個堅強的男孩，也像父母希望的那樣，仍然樂觀地生活。他又回到了球場上，用笑容激勵每一位隊友。在他的鼓勵下，隊友們發揮良好，保持著全勝的記錄。隊友們舉行了慶功聚餐，準備了一個由全體隊員簽名的足球想要送給他，可是，他卻再次入院。

幾週後，他出院了，臉色蒼白憔悴，可是笑容依舊。他來到了教練的辦公室，看到了所有的隊友。教練輕聲責怪他不該缺席餐會。他笑笑說：「對不起，教練，我正在節食。」他接過了隊友送給他的那個代表著勝利的足球，和大家分享著勝利的喜悅。和隊友們道別時，他堅定地說：「別擔心我，我永遠和你們在一起。」

一週後，他去世了。其實他早就知道自己的病情，但是他並沒有被病魔打敗。他坦然地面對疾病，在最壞的處境中保持著自己令人振奮的精神。

「我們的生命總是短暫的，但是任何時候，我們都需要保持自己內心的堅定和勇氣。因為對於不可逆轉的命運，我們無可奈何，而怎樣選擇自己的生活態度才是我們真正可以掌握的。只有牢牢掌握住自己的心靈，用一顆堅強勇敢的心去回報父母朋友的愛，這樣無論最後的結果怎麼樣，我們都會感覺到幸福的所在。」

執著可以讓醜小鴨變成白天鵝

我朋友的女兒琳琳，是一個很具音樂天賦的孩子，或許是因為朋友的妻子出生在音樂世家的原因，孩子從小就對音樂產生了極大的興趣。因為朋友常常出差在外地，所以琳琳從小就在她祖母的呵護中成長，性格過於懦弱，做事時遇到一點點小挫折就很容易放棄。一次去參加鋼琴培訓班的時候，因為看到班上有人說她的眼睛長得不如另外的一個同學好看，鋼琴所以就沒有那個同學彈得好。所以就打電話給我朋友說，以後不學音樂了，音樂都是與美貌相關的，沒有美貌就沒有前途，朋友說不知道孩子從哪學來的這些歪理，說還要跟我的朋友學 IT，因為 IT 賺錢。「孩子太善變了，我也不知道她哪天又會怎麼說我們搞 IT 的，然後也許說不定又跟你們搞文學的去學寫作了。」朋友對我說。

我笑著跟朋友說，孩子是善變的，但是改變孩子的善變卻很簡單，孩子需要一個故事。

在法國，馬鈴薯種植很長時間都沒有推廣成功。

因為宗教迷信者不歡迎它，還幫它起了怪怪的名字——「鬼蘋果」；醫生們認定它對健康有害；農學家斷言，種植馬鈴薯會使土壤變得貧瘠。

法國著名農學家安瑞．帕爾曼切曾在德國吃過馬鈴薯，決定在法國培植它。可是，過了很長一段時間，他都未能說服任何人。

面對著人們根深蒂固的偏見，他一籌莫展。但是他把馬鈴薯的推廣當成了自己的使命，因為馬鈴薯具有很高的營養價值和藥用價值，於是種植馬鈴薯可以為人類造福的使命一直催促著他堅持下去。

後來，帕爾曼切經過幾番努力，終於借助國王的權力達到了自己的目的。

西元 1787 年，他終於得到了國王的許可，在一塊出了名的低產田上栽培馬鈴薯。

帕爾曼切發誓要讓這不受人歡迎的「鬼蘋果」走上大眾的餐桌。

他耍了個小小的花招 —— 請求國王派出一支全副武裝的衛隊，每天白天都在那塊地裡嚴加看守。

這異常的舉動，引起人們強烈的偷竊欲望。

當夜幕降臨，衛兵們撤走之後，人們便悄悄地摸到田裡偷挖馬鈴薯，然後再小心翼翼地將它移植到自家的菜園裡。

每晚，馬鈴薯田裡都能迎來一些躡手躡腳的偷竊者。就這樣，馬鈴薯這醜醜的小東西不知不覺地走進了千家萬戶。

帕爾曼切終於夙願以償。

「馬鈴薯從『鬼蘋果』的厄運走進千家萬戶成為餐桌上的佳餚，是因為帕爾曼切的執著。告訴孩子只要執著，即便是醜小鴨也一定能變成白天鵝，更何況自己並不是醜小鴨。」我最後跟朋友解釋說。朋友在電話裡，半信半疑地說：「這招管用嗎？」我跟他說：「管不管用，試試看不就知道了嗎？」

讓執著帶著夢想飛翔

孩子是善變的，因為孩子在幼年的時候，並不知道自己到底適合做什麼。夢想也多數是因為家長或媒體宣傳而形成的。但是如果我們認定了孩子適合做什麼的時候，我們就應該讓孩子善變的性格有所改變，只有這樣，孩子才會讓執著帶著夢想飛翔。

很多初為人父、人母的朋友都打來電話諮詢：「我覺得孩子很適合做作家」「做音樂家」……「但是卻不知道該怎麼去引導孩子把夢想堅持下去。」於是我便和他們講了這樣一個故事：

從前，埃及開羅有個家財萬貫的人，但是他仗義疏財，散盡家產，只剩下祖傳的房屋，所以他不得不工作糊口。

他工作十分辛苦，一天晚上，他累得在園子裡的無花果樹下睡著了，他夢見一個衣服溼透的人從嘴裡掏出一枚金幣，對他說：「你的好運在波斯的伊斯法罕，去找吧。」

第二天清晨他醒來後便踏上漫長的旅程，經過了沙漠、海洋、海盜、偶像崇拜者、河流、猛獸等的磨難、考驗後，他終於到達了伊斯法罕。

剛進城，天色已晚，只能在一座清真寺的天井裡躺著過夜。清真寺旁邊有一所民宅，夜裡，一夥強盜借道清真寺，闖進民宅，屋主被強盜的喧鬧聲吵醒，於是高聲呼救，鄰居也呼喊起來。該區巡夜士兵的隊長聞訊趕來，強盜們都翻牆逃跑了。隊長吩咐搜查寺院，搜查時，士兵發現了從開羅來的那個人，於是不問清楚就用竹杖把他打得死去活來。兩天後，他在監獄甦醒，隊長把他帶去審問：「你是誰，從哪裡來？」

那人回答說：「我來自有名的城市開羅，我名叫艾爾。」

隊長追問：「你來伊斯法罕做什麼？」

那人如實說：「有個人託夢給我，叫我來伊斯法罕，說我的好運在這裡。如今我到了伊斯法罕，發現等待我的好運卻是劈頭劈臉給我的一頓打。」

隊長聽了他的話，大笑起來，竟然有相信夢的白痴，於是便把他給放了。但是在艾爾的腦海裡，依舊縈繞了在暈厥兩天時做的夢：「他的好運是在那棟祖傳的房子後面的那棵，他曾靠著睡著的無花果樹下。」

於是他又打道回府，再一次歷經了沙漠、海洋、海盜、偶像崇拜者、河流、猛獸等的磨難和考驗，這次他甚至差點丟掉性命，但是由於他執著追逐夢的信念，他回到了家裡，並真的在無花果樹下挖出了祖上留下的一大筆寶藏。

其實夢想的實現就是回到夢開始的地方，但是如果沒有執著追逐的過程，是不可能會實現的。所以告訴孩子夢想實現其實很簡單，就是靠著兩個字 —— 執著。

給家長的悄悄話

我們都知道暑假一到，便是各種才藝班招生的黃金時節，許多家長也開始計畫著為孩子報各種才藝班。但是孩子往往都是「三分鐘熱度」，剛開始報班時，興致盎然，學到一半就想放棄，很多家長為此感到很困擾，是強制孩子堅持下去，還是尊重孩子的意見，讓他們放棄呢？我們先來看看這位母親的苦惱吧，我們身上也常發生這樣故事：

「我什麼都不想學了，連玩的時間都沒有。」最近我的女兒陽陽對我說。從幼兒園開始，我就為陽陽陸續報了舞蹈、美術、鋼琴、繪畫等才藝班，幾年來，陽陽的興趣不斷發生變化，現在對這額外的「負擔」是越來越反感。但是這完全是為了孩子好，我該怎麼辦呢？

善變是有原因的，首先我們得問問為什麼孩子會這麼善變。

近年來對學齡前兒童和一年級到三年級的小學生的才藝班報名的調查發現：90% 的孩子參加過一個以上的才藝班，50% 的孩子參加過兩個以上的才藝班，還有 30% 的孩子參加過 4 個以上的才藝班；參加才藝班越多的孩子感覺越「累」、「沒時間玩」；50% 以上的孩子對才藝班只能保持幾個月的興趣，60% 的孩子認為對自己報的才藝班都不感興趣。這些數字告訴我們的是家長們實際上是按照自己的興趣是給孩子報才藝班，而沒有考慮孩子的喜好。

從上面陽陽媽媽的苦惱來看，陽陽的媽媽是過於盲目地給孩子報才藝班，沒有確認清楚孩子喜歡什麼，專長是什麼，就亂報，這樣導致了孩子對才藝班不但不感興趣，而且還把自己感興趣的東西都磨滅了，因為孩子看到才藝班就會形成一種厭學的情緒，而不是興趣所在。為此，專家們提出了以下幾點意見：

- 報班前一定要先了解孩子的興趣愛好。
- 給孩子報的才藝班不要超過兩個。
- 要隨時關心孩子在才藝班學習的情況，一旦孩子遇到挫折很容易選擇放棄，由於孩子的無定性，做出這樣的決定是很正常的。
- 在孩子上才藝班後，要給孩子樹立起一種執著的觀念，讓孩子做什麼事都要堅持到底。
- 當孩子真的不適合某些才藝班的時候，家長應該考慮放棄，一味地堅持，只會扼殺孩子的天性。

當家長發現了孩子的專長和興趣愛好後，不管是家長還是孩子都應該用執著堅持下去，不要上演這樣的悲劇：

圖爾是 1981 年普立茲小說獎的得主，而他的得獎作品《傻子聰明》卻完成於 1969 年。

為什麼他的作品相隔這麼長時間才得獎呢？因為圖爾在 1969 年完成了他唯一一篇長篇小說《傻子聰明》後四處投稿，卻總是一再被退回，在經歷了一連串的拒絕後，圖爾絕望地在 32 歲那年飲彈自盡，放棄了他的追求。

然而，圖爾 70 多歲的母親在圖爾死後，卻依然相信她的兒子是個天才，不斷地拿著《傻子聰明》和出版社聯絡，希望能找到伯樂，雖然面臨不斷被拒絕和退稿，但她始終不改她的信念。

在連續被九家出版社拒絕後，最後被著名的小說家賞識而介紹到路易士安納出版社，於 1980 年出版。

小說一出版就引起轟動，並在出版後的第二年獲得普立茲小說獎，而這對圖爾而言無疑是最高的榮譽和肯定。

雖然這對於圖爾母親來說是一種慰藉，但是再怎麼說也是一種悲劇，如果圖爾也能像母親一樣堅持下去，或許就不會結束自己的生命了。世界上沒有不成功的人，只有放棄成功、無法堅持尋找成功的人。所以執著是每位家長的必修課，更是每一個孩子的必選課。

親子加油站

我們都知道執著對於一個人的成功很重要，但是太過於執著就不好了。

太過於執著的孩子的表現

1. 鑽牛角尖，即便無法完成的事，孩子也會死盯著不放，這樣的孩子很容易形成倔強的性格；
2. 太在乎得失，一些本該放棄的東西還死死抓著，這樣的孩子很容易受傷，而且很難進步。

孩子太過於執著如何引導

1. 引導孩子學會放手，告訴孩子放手也是一種美麗；
2. 把孩子的注意力引開，不要讓孩子死盯在一件事上；

3. 告訴孩子學會順其自然。

所以性格只能是優化，不能完全去肯定也不能完全去否定。在優化孩子性格的時候讓孩子的性格達到相對平衡即可。

第九章

養成果敢決斷的魄力

有一個 6 歲的小男孩，一天在外面玩樂時，發現一個鳥巢被風從樹上吹到了地上，從裡面滾出一個嗷嗷待哺的小麻雀。小男孩決定把牠帶回家餵養。

當他帶著小麻雀走到家門口的時候，他突然想到媽媽不允許他在家時養小動物。於是，他輕輕地把小麻雀放到門口，急著走進屋去請求媽媽同意他養這隻小麻雀。在他的哀求下，媽媽終於答應了他的要求。

小男孩興奮地跑到門口，不料小麻雀已經不見了，他看見一隻黑貓正在意猶未盡地舔著嘴巴，小男孩為此傷心了很久。但他從此記住了一個教訓：只要是自己要做的事情，絕不可以優柔寡斷。

這個小男孩長大後，成就了一番事業，他就是華裔電腦名人 —— 王安博士。

三思而後行固然沒有錯，但是當自己認為自己做得對的時候一定要果斷地踏出第一步，否則成功就會與我們擦肩而過。

不做布利丹的毛驢

一頭驢子在兩垛青草之間徘徊，欲吃這一垛青草時，卻發現另一垛青草更嫩、更有營養，於是，驢子來回奔波，沒吃上一根青草，最後餓死在兩垛青草之間了。

這就是布利丹的毛驢，看完這則小故事後，你或許會笑毛驢為什麼會這麼笨，也許不會有這樣笨的驢。這裡我們先不說有沒有這麼笨的毛驢，但是現實中，人們卻常常上演著布利丹毛驢的故事。

布利丹的毛驢之所以會餓死，是因為面臨選擇的時候，牠把太多精力放在了吃哪垛青草上，而不是去實踐。

荀子在《勸學》中曾告訴我們「君子博學而日參省乎己，則知明而行無過矣」，卻也反覆強調「吾嘗終日而思矣，不如須臾之所學也」。所以我們要告訴孩子，在選擇面前要懂得深思熟慮後，揮動快刀斬亂麻，然後告訴孩子「選擇了就義無反顧」。

有位家長寫信說她的兒子今年上五年級了，但是孩子一點主見都沒有，做什麼都要家長告訴他怎麼去做，才會去做。一次帶孩子去買衣服，本想這麼大的孩子了，應該有自己的喜好，大人也不懂得現在的小孩喜歡穿成什麼樣子，就想讓孩子自己挑選衣服。在逛商場的時候，看到很多好看的衣服，可是問孩子喜不喜歡，他總是說隨便，好像是給家長買衣服一樣，結果選了一上午衣服都沒有買到一件。後來就隨便買了幾件合身的衣服，很想說孩子，但是不知道該怎麼說。這位家長說她的孩子做事總是優柔寡斷的，不像是個男孩子。或許是從小寵愛慣了，現在很想改變孩子優柔寡斷的性格，讓孩子變得果敢決斷一點，這樣才像是個男子漢，但是卻不知道該怎麼辦。

對於這位家長提出的問題，我給出了以下幾點建議供她參考，如果你的孩子也有優柔寡斷的性格，不妨也試試：

- 把孩子「推出門口」，讓孩子自立自強，比如買衣服這些事，可以讓他自己去買，只要孩子做過一次後，他以後再挑選衣服時就會很快做出決定了。孩子在家長幫他買衣服的時候，尤其是性格優柔寡斷的孩子，往往會順從家長的意思，而不敢把自己的意見表達出來，倘若讓孩子自己一個人去的話，孩子自然會做出決定買哪件，花多少錢買。
- 多給孩子一些選擇的機會，告訴孩子，只要不違背大原則，就可以放心地做出選擇，選擇了就不要後悔，對孩子說：「當你認定了一件事以後，只要你能努力，就一定能取得成功！」

- 讓孩子做到有膽有識，說到就做到，言出必行，這樣孩子就會慢慢地具有這方面的決策水準。
- 可以用孩子一些不喜歡的事來試探孩子，之前就教孩子，只要自己不喜歡的事，可以拒絕不做。當我們用孩子不喜歡的事來試探他們的時候，要看他們的反應，如果孩子還是接受了的話，你可以告訴孩子，「如果你不喜歡，你現在可以放棄，你現在還有放棄的機會。」這樣孩子就會慢慢地對一些不喜歡的事做出反對的選擇，進而孩子的優柔寡斷就會慢慢改掉了。
- 教孩子說一些果斷的話，對於那些蠻不講理的人，教孩子不要過於寬容，可以「以牙還牙」，培養孩子對抗邪惡的勇氣和力量。
- 告訴孩子遇到事情要冷靜，穩定情緒，由此及彼、由表及裡地分析後，做出自己的決定。

小叮嚀

關心孩子優柔寡斷的性格是怎樣形成的。家長們應該盡可能注意孩子的一些做事方法和行為，在細節上為孩子打下預防針：

1. 認知障礙導致。孩子對事物的本質缺乏清晰的認知，認為問題過於難，所以畏首畏尾，這往往是因為涉世不深導致的，所以要常帶孩子出去與其他人交流。
2. 情緒及心態不好導致。孩子遇到問題過於地悲觀，情緒往往會跌入低潮，所以很難對問題做出選擇。
3. 性格問題導致。自卑、懦弱、隨波逐流、過於小心謹慎的性格都會形成優柔寡斷的性格。

4. 家長過於溺愛，孩子沒有機會去做一些自己可以做的事情，總是茶來伸手、飯來張口。所以一旦走出家庭，優柔寡斷的性格就會凸顯出來。
5. 家長管束得過於嚴格，孩子不敢發表自己的意見及建議，所以孩子無法得到表現的機會。久而久之，孩子便會形成優柔寡斷的性格

從「當機立斷的猴子」說起

給孩子一個自由的空間，讓他們好好去想想自己的明天，孩子沒有思考、沒有實踐的空間是優柔寡斷的性格形成的因素。我曾經接到過一個學生打來的訴苦電話：男孩今年十一歲了，但是卻還像三歲的小孩一樣，一點自由的空間都沒有，做什麼事父母都過問，導致自己的性格很優柔寡斷，像女孩一樣，做什麼都想有一種依賴，同學們常常取笑他。他現在還想改變這種性格，想從父母的身邊掙脫出來，然後什麼事都自己去嘗試。「我覺得如果我有一個空間，我肯定能走出優柔寡斷性格的陰影，所以我現在想離家出走，你覺得我這樣做好嗎？」男孩說。

「孩子，你離家出走肯定是不對的，你需要空間，但你跟父母說了嗎？你現在有這個權利了，你用自己的權利了嗎？或許是你的父母太溺愛你了，你不應該否定父母對你的愛，但你可以拒絕，所以你需要和父母取得溝通，不然你離家出走會讓你的父母更擔心的。你把你父母的電話給我吧，我會跟你的父母取得連繫的。」

待男孩掛了電話後，我便給男孩的母親打了電話。男孩的母親接到電話後，聽了我的一番講述後，開始感到一些慚愧，為了打破尷尬的場面，我和孩子的母親講了這樣一個故事：

楚國有個好吃懶做的人，他整天想著怎樣能不用費力氣，或者少出點力就可以揀到大便宜的竅門。他想：「養蜜蜂的人能得到蜂蜜，養魚鷹的人能得到魚，我為什麼不養些猴子呢？猴子會採果子呵！」

於是，他買了一群猴子，把牠們關在一所空房子裡，又買了好多裝果子用的簍子，教猴子扛簍子。他手拿皮鞭，對猴子嚴加訓練。然後又買了許多果子教猴子裝簍子，哪個猴子敢偷吃上一口果子，或者把果子碰傷了，他便舉起皮鞭亂抽一頓。沒多久，便把猴子整治得服服貼貼，說一不二了。這時，他才把猴子放到山裡，去給他採果子。

猴子們非常聽話，天天早出晚歸，背馱肩扛地給他採來各種各樣的鮮果。他只要把這些鮮果拿到集市上賣出去就行了。從此他的日子過得舒舒服服，逍遙安閒。

這個不勞而獲的人很苛刻，他天天早上把猴子趕上山去採果子，不管採下多少果子，只給每隻猴子發一個果子。猴子們勞累一天，一個果子怎麼能吃飽肚子呢？牠們餓得吱吱叫，但主人不但不給牠們增加果子，還用皮鞭抽打牠們，哪個叫得響，哪個就打得重。

猴子們對主人的苛刻虐待很反感，但誰也不敢吭聲，因為牠們都知道挨皮鞭的滋味。

這天，猴子們照常上山去採果子，雖然肚子空空的，但受過訓練，採下果子來，只往簍子裡裝，不敢往嘴裡放。但牠們餓極了，主人又不在面前，有一個大膽點的，便吃起果子吃起來，其他的猴子看見了，實在忍耐不住了，也像那隻猴子一樣吃起來了。

一個野生老猴子看見牠們這般模樣，不禁大笑起來：「猴兒們，這都是野生野長的果子，放心大膽地吃吧，看你們被人整治得沒點猴性了，吃吧，吃吧。」

猴子們互相看看，也七嘴八舌地吱哇起來：「這果子不是主人種的，誰都可以採，誰都可以吃。」「主人懶得上山來，他又看不見，我們放開肚子吃吧。」

猴子們一個個「哧溜」「哧溜」地爬上高高的大樹上，撿最紅最大的果子吃起來，一會就吃個飽飽。

牠們邊吃邊議論：「在這山上採果子的權利，不是只有主人才有呀！」「我原來還以為是主人養活我們呢，現在才弄明白是我們養活他呀！」「山是大自然的山，誰都可以上山來，果是野生的果，誰都可以摘，他懶得勞動，鞭打我們給他工作，我們何必受他那樣的折磨呢？」「可不是嗎！我們是自找苦吃！」

猴子們長時間挨餓，吃飽後一個個東倒西歪地睡著了。一覺醒來，太陽已快下山了，簍子裡還沒有裝滿果子呢。

一個小猴子說：「今天回去，保證得吃皮鞭，哼！就是吃皮鞭，我也不給他工作了，我要和他講道理！」另一個小猴子說：「主人從來不講道理，我們不幫他工作，他會把我們再賣掉！」大夥抓耳撓腮，撲閃著眼皮，一時不知道該如何是好。

還是老一點的猴子機靈，牠說：「何必要回去呢？這大山沒有頭，森林沒有邊，到哪裡沒有我們吃的果子？生活的路就在我們腳下，我們應該當機立斷，馬上離開這裡！」那個野生的老猴子又插話了：「這就對了，走，一塊走哇！」

大夥兒一個個扔掉手裡的簍子，歡跳著，嘻笑著，鑽進那無邊無際的山林裡去了。

那個主人到了晚上，左等右等不見猴子們回來，到山上一看，除了橫躺豎倒的簍子以外，一個猴子也不見了。他氣壞了，但仍然好吃懶做。後來，他終於餓死在自己的床上了。

「對於孩子過度的溺愛和過度的嚴格要求都是不好的，孩子現在需要一個空間，一個屬於自己的空間。在國外十一歲的孩子早就已經被父母『推出門口』去了，不要怕孩子受傷害，不經歷風雨怎麼會見彩虹呢？給孩子一個空間，不管是風雨，還是酷日，都讓他自己去經歷，這樣孩子會變得更堅強，更何況，孩子如今有這份心。」孩子的母親聽了我的話後，哭著跟我連說了幾聲謝謝，並且答應了我一定會給孩子展現的舞臺。

備選故事任你挑

不管是我們還是孩子，常常會埋怨一個詞「選擇」，有了選擇，往往會不知如何選擇，沒有了選擇，就開始絕望、墮落。選擇真的有這麼難嗎？是的，因為每一次選擇都預示著一種結果，要麼成功，要麼失敗，所以人們開始猶豫。其實有時候選擇也很簡單。這主要取決於我們的心態，無論選擇了哪一種，只要堅定信念，認真執著地走下去，選擇哪一種都是對的，所謂的是非成敗，很多是由於我們猶豫所致。所以無論何時都要告訴孩子選擇其實很簡單，認定了一種就勇敢地走下去。

當機立斷斷下的機遇

一次女兒在我的書房裡隨手拿走了貝克特（Samuel Beckett）的《等待果陀》（*Waiting for Godot*），幾天後她拿著書跑到我的書房說「爸爸，其實很多時候你是錯的。」

我當時還不知道她在說些什麼，但我還是跟她說：「我從來就沒有認為我什麼都是對的。」

女兒此時不知該說些什麼，就強詞奪理地說：「反正我認為你是錯的。」

「你說說我哪裡錯了吧！如果我真的錯了，我肯定會改。」

「不會的，你永遠都覺得自己是對的，即使錯了，你也會找出理由來辯得我啞口無言，反正我就感覺你錯了。人家貝克特可是聞名世界的大作家，人家等待觀點怎麼會錯呢？你卻總跟我說等待機遇還不如去抓住機遇。」孩子的思維確實很讓人費解。

「《等待果陀》是部荒誕劇，你知道裡面的等待寓意著什麼嗎？沒有意義的生活，兩個流浪漢一味地在等待著果陀，但是他們卻連果陀都不知道是誰。你覺得這可以拿到現實來對比嗎？」

「他們是在等待一種希望。」女兒反駁道。

「是的，你想想，假如讓你等待希望和去追求希望，哪個會更容易接近希望呢？機遇不是等來的，而是需要掌握的，你知道怎麼去掌握嗎？」我問女兒，她似乎又無力再辯解下去了，就用疑問的眼神等待著我的故事：

1944 年，艾森豪指揮的英美聯軍正準備橫渡英吉利海峽，在法國諾曼第登陸，展開對德戰爭的另一個階段。

這次的登陸事關重大，英國和美國合作無間，為這場戰役投入了巨大的人力、物力。然而，人算不如天算，就在一切準備就緒、蓄勢待發的時候，英吉利海峽卻突然風雲變色、巨浪濤天，數千艘船艦只好退回海灣，等待海上恢復平靜。

這麼一等，足足等了四天，天空像是被閃電劈開了一條裂縫，傾盆大雨連綿不絕，數十萬名軍人被困在岸上，進退兩難，每日所消耗的經費、物資實在不容小覷。

正當艾森豪總司令苦思對策時，氣象專家送來了最新的報告，資料中顯示天氣即將好轉，狂風暴雨將在三個小時後停止。

艾森豪明白這是千載難逢的好機會，可以攻敵人於不備，只是這當中也暗藏危機，萬一氣候不能如期好轉，那麼他們的軍隊很可能就全軍覆沒了。

艾森豪經過了慎重的考慮之後，在日誌中寫下：「我決定在此時此地發動進攻，是根據所得到最好的情報做出的決定……如果事後有人譴責這次的行動或追究責任，那麼，一切責任應該由我一個人承擔。」然後，他斬釘截鐵地向海、陸、空三軍下達了橫渡英吉利海峽的命令。

艾森豪受到了幸運之神的眷顧，傾盆大雨果然在三個小時後停止，海上恢復一片風平浪靜，英美聯軍終於順利地登上諾曼第，掌握住了這場戰爭勝利的關鍵。

「如果艾森豪也像《等待果陀》中的兩個流浪漢一樣去等待，最後的結果，你也可想而知。荒誕的東西，不能與現實相提並論，還有當我們面對等待與追求的選擇時，常常都會猶豫、猶豫、再猶豫，三思、三思、再三思，總想拿出一個最好的方法來，但是時機是不會等待人的，如果你過於深思熟慮的話，只會讓機遇與你擦肩而過，所以要像艾森豪一樣，當機立斷，這樣「斷」出來的肯定是成功的機遇。」女兒又輸得服服貼貼地離開了書房。

沒有主見只會害人害己

那天特忙事特多，朋友還打來電話說：「我要投降了，你幫幫我吧。」

我問他怎麼回事，他說：「都不好意思說，當時沒有聽你的話，一味地放任我爸媽慣著我女兒，現在我女兒無論在做什麼的時候，一點主見都沒有，總是依賴別人，前天，她說要我們買一個布娃娃，說要跟她同學的一樣的，可是跑遍了附近的幾家商場都沒有找到她要的。她說要她同學那樣的，沒有買到就哭。但是我怎麼知道她同學的布娃娃是什麼樣的。你知道她怎麼說的嗎？她說：『我把我同學的家裡電話給你，你打電話去我同學家問問。』我跟她僵持了兩天了，現在還沒有買給她，我也不知道她要買什麼樣的布娃娃，她現在也不理我，跟我嘔氣呢。」

我笑著說：「為什麼要跟孩子鬥氣呢？你跟她說說，要有點主見不就好了嗎？」

「我那天跟她說了無數遍，告訴她，買一個有特色的，她說不要，就是要她同學那樣的，可是鬼知道是什麼樣的！」朋友生氣地說。

「你的手段還是有問題。你明天再帶她去商場，說和她同學打過好幾次電話，都沒有人接。可能出去玩了。然後就讓她自己挑選她自己喜歡的，如果她不肯挑，你就和她講這個故事。」

有一艘輪船在海上發生了意外，乘客被迫離船逃生。

有三名素不相識的乘客，不約而同地漂流到一個荒島。天連海，海連天，一望無際。這三名乘客來自不同的國家，較高者叫彼得；年長者叫張亞明；年輕者叫蘇哈星。他們相依為命，情同手足。

他們在荒島上生活了三個月，尚未見一艘輪船或飛機經過。

有一天傍晚，當他們在沙灘上休息時，突然天空出現了一個天使，那天使對他們說：「今天是我的生日，我會實現你們每個人的心願。」

「彼得，你要什麼呢？」天使問。

「啊……等一等，讓我想一想。」彼得一時也沒想起什麼想要實現的願望。

「那張亞明，你呢？」

「天使呵，我有一個幸福的家庭，我已離開他們很久了，非常掛念他們，讓我回家與他們團聚吧！」

「好！」天使一揮長袖，張亞明就回到家裡去了。

「蘇哈星，到你了，你有什麼要求呵？」

「我出生貧窮，工作多年，生活依然一貧如洗，我要在市區買座高樓。」

「好！」天使又一揮長袖，蘇哈星立即回到市區，一夜之間成為兩座大廈的擁有者。

「彼得，快點呀。我還得趕時間回去參加生日晚會呢。」

「唉……如果他們兩人都在，就可以幫助我啦。」

「好。成全你吧。」天使又一揮長袖，張亞明和蘇哈星又重現在彼得面前，那天使也消失了。

「是不是感覺彼得很像你女兒，其他兩人像我們倆呀？」我邊笑邊問朋友。朋友說你這故事我哪記得住，你發 E-mail 過來吧，我好好練習一下，不然到時講不出來。

「講故事不一定要完全按照我講的來講，你掌握住主旨意思就行了，能把故事講得好聽就行。要隨口就來，那樣才顯得自然，那樣才好打動孩子。」

「好好好，什麼都聽你的，我明天就試試，不行再給你電話。」朋友妥協了，我也接著忙自己的事了。

猶豫不決只會成為落網之魚

女兒暑假的時候，我終於抽出了一週的時候，好好陪陪女兒。一天，我跟女兒玩起了射擊遊戲，我玩遊戲也是為了讓孩子成為一個果斷的人，因為女兒一直都缺乏一種氣魄。

那天九局玩完，已經玩了兩個小時，妻子在一旁埋怨我的方法有問題，這樣會導致孩子沉迷遊戲。我說今天是訓練孩子的能力，要玩一天。

但是我知道最後一局如果我再贏女兒的話，她肯定會放棄了。但是沒有想到，十局玩下來，女兒還想跟我比試，她說，哪怕一百局能贏我一局就算她贏了，所以死纏著我不放。

於是我便說：「我不玩了，我眼睛受不了了，你找媽媽玩吧。」

於是妻子又被女兒拉了過去。妻子第一局就輸給我女兒。女兒笑著說「我贏了，贏了媽媽。」

妻子很配合地問我「為什麼每一次我要射擊的時候，佳佳總是超我一步呢？」

「因為你太優柔寡斷了，你總想射得精準一些，反而被對方所射中了。這也是我一直贏佳佳的原因。」

女兒說：「不行，爸爸，你有作弊的技巧，以前的都不算，我們重玩一局。我一定可以贏你。」

「我那不是作弊的技巧，是當機立斷。」

遼闊的南海裡，生活著許多的魚。這天，南海突然漲起了大潮，風浪凶猛，魚兒們在浪濤中掙扎著。大浪層層漫向海岸，三條大魚不幸被潮水沖到了岸邊的淺水裡。

大魚在淺水裡可不像在深深的海洋中那樣自由，隨時都有擱淺在沙灘的危險。如果拚命往大海裡游，又有漁船攔路，難以逾越。怎麼辦？三條大魚互相商量起來。

黑色的大魚說：「這裡實在危險，不如趁還沒退潮，我們逆潮而上，游回大海去。」銀色的大魚贊同牠的意見，說：「絕不能在這裡等死，只有拚了！」金色的大魚前後左右看了看，為難地說：「我們怎麼通過漁船呀？我真害怕！」

是呀，水淺已給魚兒們造成很大的危險了，漁船更如一道難以逾越的屏障，橫在魚兒與深海之間，要怎麼通過呢？

銀色的魚首先說：「我豁出去了！」說著，牠用盡全身力氣，縱身從船上跳了過去，一會兒功夫，便游回了大海。

黑色的魚看了看漁船，發現漁民已經注意到有條魚從船上跳過去了，正密切監視著船的上方，再跟著跳應該很難通過了，只好趁著漁民不注意的機會，潛到水草下邊，冒著被水草纏住身體的危險，小心翼翼地從船下游了過去，很快，也回到了大海。

只剩下金色的大魚了。牠更害怕了，身體不停地發抖著。牠不願像銀色的魚那樣跳過船去，也不願像黑色的魚那樣從船下的水草中穿過去，牠不斷猶豫著，不知如何是好。

潮水開始退去。金色的大魚更驚慌了，牠急忙跟著退去的潮水往大海裡游。但漁民發現了漁民，幾個大網無情地向漁民扣過來。漁民被漁民捉到了，變成了漁民口中的美餐。

銀色的大魚在困難和危險之中，能夠勇敢地與命運搏鬥，因為，牠知道，奮鬥求生存，才有可能生存，牠靠自己的勇敢贏得了生存。黑色的大魚在困難和危險面前，能夠憑著自己的智慧，戰勝困難，走出危險之境，牠也為自己找到了生路。金色的大魚在困難和危險面前，膽怯、猶豫，不肯努力奮鬥，也不願動腦筋，牠只想僥倖逃離困難和危險，結果丟掉了自己的生命。也許，當牠被漁民捉到時，牠會悔恨自己的懦弱和優柔寡斷，會悔恨自己沒有像銀色的大魚那樣去奮鬥，沒有像黑色的大魚那樣去努力。牠肯定相當悔恨了，然而，此時的悔恨又有什麼用呢？

「媽媽就跟金色的魚一樣，總是在猶豫、等待，把最好的時機給等過去了。剛才佳佳你贏了媽媽，就像是黑色的魚一樣，在一次次失敗後，努力了一把，最後還是贏了，而我呢？就像銀色的魚，一直都在奮鬥，所以能在任何情況下贏你們。佳佳，你想贏我很簡單，就是要做到充分的自信，抓住時機，但是一時半會還不行，你應該和媽媽再訓練一段時間。」她們聽了我的話後，果然都變得不相上下。

當斷則斷方無後顧之憂

「爸爸，班超是誰呀？」女兒一回到家，就來問我。

聽到女兒問到班超，我很高興，因為前段時間剛看到一個關於班超的故事，正好可以優化一下女兒優柔寡斷的性格。但是我覺得奇怪，女兒為什麼直接就來問我班超呢？

於是我就問：「為什麼一回來就問我班超呢？」

「媽媽剛才說《漢書》是班超寫的，我說是班固寫的。她非得說班超，但是班超這名字我從來就沒有聽說過，我感覺是媽媽記錯了。」

歷史上是有班超這個人。於是我便引出了這樣一個故事。

漢年間，班超幫助哥哥班固一起撰寫《漢書》，但他認為一個男子漢的抱負不應只在紙筆上，於是棄文從武，參加了對匈奴的戰鬥。他堅毅果敢的性格使他在戰場上屢建功勳。後來，東漢王朝為了聯合西域各國共同抗擊匈奴的侵擾，就派遣班超作為使節出使到西域去。

班超手持漢朝的節杖，帶領著由 36 人組成的使團出發了。他們首先來到了鄯善國。班超晉見了鄯善國國王，說：「尊敬的國王陛下，我們漢朝的皇帝派我來，是希望聯合貴國共同對付匈奴。我們都吃過很多匈奴入侵的苦，應該攜起手來，同仇敵愾，匈奴才不敢再猖狂肆虐呀！」鄯善國王早就知道漢朝是一個泱泱大國，國力強盛，人口眾多，不容小覷，現在又見漢朝的使者莊重威儀，頗有大國之風，果然名不虛傳，就連連點頭稱是道：「說得太對了，請您先在敝國住幾天，聯合抵抗匈奴之事，容過兩天再具體商議。」

於是班超他們一行人就住下了。頭幾天，鄯善國王待他們還挺熱情，可是沒過多久，班超便察覺國王對他們越來越冷淡，不但常找藉口避開他們不見，就是好不容易見到了，也絕口不提聯合抗擊匈奴之事了。班超有了一種不祥的預感，他召集使團的人分析說：「鄯善國王對我們的態度越來越不友好了，我估計是匈奴也派了人來遊說他，我們必須去探察一番，弄清楚事情的真相。」

夜裡，班超派人潛進王宮，果然發現國王正陪著匈奴的使者喝酒談笑，看樣子很是投機，班超得知了這個消息後，又在接下來的幾天，設法從接待他們的人那裡打聽到，匈奴不但派來了使節，而且還帶了 100 多個全副武裝的隨從和護衛。他立刻意識到了事態已經發展到很嚴重的地步，於是馬上召集使團研究對策。

班超對大家說：「匈奴果然已經派來了使者，說動了鄯善國王，現在我們已處於極度危險之中了，如果再不採取有效措施，等鄯善國王被說服，我們就會成為他和匈奴結盟的犧牲品。到時候，我們自身難保是小事，國家交給的使命也就無法完成了。大家說該怎麼辦？」

大家齊聲回答：「我們服從您的命令！」班超猛拍了一下桌子，果斷地說：「不入虎穴，焉得虎子！現在我們只有下決心消滅匈奴，才能完成我們的使命！」當夜，班超就帶人衝進匈奴所駐的陣營，趁他們沒有防備時，以少勝多，終於把 100 多個匈奴人全部消滅了。

第二天，班超提著匈奴使者的頭去見鄯善國王，當面指責國王的善變：「您太不像話了，既答應和我們結盟，又背地裡和匈奴接觸。現在匈奴使者已全被我們殺死了，您自己看著辦吧。」鄯善國王又吃驚又害怕，很快就和漢朝簽訂了同盟協議。班超的舉動震動了西域，其他國家也紛紛和漢朝簽訂同盟，很多小國也表示和漢朝永久友好。班超終於圓滿地完成了使命。

「在危急的情境之下，就應該像班超一樣果斷，勇於冒必要的危險，這樣才能夠獲得成功。如果這時還猶豫豫畏縮不前，後果就不堪設想」我知道女兒心裡是藏不住問題的，所以便補充道:「課本上之所以說《漢書》是因為班固寫的，而不是班超和班固一起寫的，是因為這個觀點還沒有被完全考證。但是班超果斷救國的事蹟卻是有跡可循的。」

給家長的悄悄話

一次在網上瀏覽時，看到一位家長問到這樣一個有趣的問題：「怎樣才能培養孩子優柔寡斷的性格？」她說她的孩子做事太過於果斷，不經過大腦思考，這樣很容易犯下錯誤。其實這位家長提到的這個問題，也是應該引起我們注意的，因為我們常常告訴孩子要當機立斷，但是我們卻無法教孩子什麼時候才是適合的時機，所以導致了孩子太過於果斷。其實這也是我們優化性格的度的問題，不能完全去否定一種性格，也不能完全去肯定一種性格。那麼怎樣才能做到當機立斷呢？

我們還是先來看看這個小故事吧：

美國鋼鐵大王卡內基（Andrew Carnegie）年輕時擔任過鐵路電報員。在一次假日輪到他值班時，他突然收到一份緊急電報，說附近一列貨車脫軌，要求各班列車改變軌道。卡內基打了好幾個電話也找不到一個有資格下命令的主管，萬不得已，他就冒充主管的名義下達命令給司機，調度他們改換了車道。

按當時鐵路公司的規定，電報員冒用主管的名義發報，唯一的處分就是革職。卡內基在次日一上班時就直接把辭呈放到了主管的桌上。主管把他的辭呈撕了，告訴他：「這世上只有兩種人值得開除，一種是不肯聽命行事的人，一種是只聽命行事的人，而你不是其中的任何一種。」

看完故事後，我們有什麼啟示呢？很簡單，當機是要按照當時的情況而定的，但是該怎樣引導孩子做到當機立斷呢？

以下幾點可以供家長們參考：

- 讓孩子有一種審時度勢的眼光，能夠準確地掌握住時機，這是一種能力的鍛鍊，是需要實踐才會得出來的。可以為孩子製造一些緊張的遊戲，讓孩子在緊張的時候掌握住時機。
- 讓孩子有一種敏銳的觀察力，能夠細緻入微地掌握住事件的進展，這樣孩子就能掌握住每一個細節，準確地掌握住「揮刀」的時機了。
- 讓孩子做到處變不驚、臨危不亂，只有這樣，孩子才會在處理事情時，有一個冷靜的頭腦，才能準確把握時機。

回到那位家長想培養孩子優柔寡斷的性格的問題上來，很多家長會感到疑惑，到底優柔寡斷的性格有什麼優點呢？

其實性格優柔寡斷的孩子往往有以下優點：心思細密、情緒穩定、行事穩重、紀律性強、有一定的藝術細胞。

但是它畢竟也是有很多的不足的，如：沒有自信心；沒有主見，很容易為他人所左右；遇事慌張；有很強的依賴心理；很難樹立人生目標；做事不能堅持；不敢面對困難；獨立能力很差。

說到這裡大家就會更迷惘了，到底要讓孩子做一個什麼樣的人呢？優柔也不行，果斷也不行。來教子加油站給自己充充電吧！

親子加油站

讓孩子擁有果敢決斷的氣魄，家長應該幫助孩子做到以下幾點：

1. 做一個有所作為的人。這樣孩子就會有人生的目標，也會為了目標而謹慎行事。
2. 做一個有知識的人。知識會左右孩子的頭腦，會讓孩子變得更聰慧，自然也不會過於猶豫，也不會過於果斷行事了。
3. 做一個思想穩定、情感集中的人。這樣孩子就有足夠的力量去擺脫矛盾的思想和情感並將自己的行動引到正確的軌道上，掌握好機會行事了。
4. 讓孩子做一個充滿自信而不剛愎自用的人。這一點在孩子遇到挫折的時候，或因為自負導致失敗時，家長可以做適當引導。

第十章

外圓內方，遊刃有餘

很多人都認為：做人最成熟的個性，是「外圓內方」型個性。所謂「外圓」，是指為人外在表現出來要圓滑處世，精通世故，成熟精明。而「內方」則強調人的內心時刻要保持本色，心中有原則有道德有尺度有善念，該說則說該做，絕不做有違國法家規、公序良俗的事。

外圓能保證在複雜的社會中不被欺騙，順利與各種人打交道。內方又能保證自身人格特色和優良素質，少受外界不良影響。如果你能令你的孩子早日具備這種性格，對於他將來的人生之旅是大有裨益的。

不要一條路走到黑

下面這個小故事，我們是再熟悉不過了，它常常會作為我們人生的啟蒙故事來引導我們不學「猴子摘玉米」，到頭來兩手空空。或許你也曾和孩子講過這個故事：

猴子下山去摘玉米，滿懷著希望和歡喜。

牠摘到了一支玉米。但是，當牠看見滿樹又紅又大的桃子時，牠就扔掉了玉米去摘桃子；看見滿地又大又圓的西瓜時，牠就扔掉了桃子去摘西瓜；看見可愛的小兔子，又扔掉了西瓜去追小兔子……最後卻空手回家。

但是有時候卻也要讓耿直忠厚性格的孩子學會「猴子摘玉米」，因為曾經有一位家長向我說過他兒子的故事：

我兒子為人很耿直，說一不二，但是耿直的性格也常常會給他帶來許多的麻煩，耿直常常讓他做出許多愚笨的事來。一次，我和他講了「猴子摘玉米」的故事後，他無論做什麼事，都要鑽到這件事裡一直做下去，直到做完為止，但是有一些事他根本就做不了，還鑽在裡面，然後性格變得很內向。

其實像這位家長反映的問題在我們身邊是常見的，因為性格耿直的孩子往往會不為外物所動，堅持自己的信念，其實這也沒有什麼不好，但是他們卻也和這位家長反映的一樣，甚至會做出一些愚笨的事，下面就是一個性格耿直的農夫跟一個機靈的農夫在用故事為我們辯論著性格優化的問題：

戰爭結束了，在法國人從莫斯科撤走以後，有兩個農夫上街尋找食物。一個機靈，一個耿直。他們發現一些燒焦的羊毛，便說「這些羊毛有用」，就一人一包背在身上。

路上，他們看見街上有許多布匹，機靈的農夫便扔掉羊毛，捆一捆布背在肩上，耿直的農夫則堅定地說：「為什麼要扔掉羊毛？捆得好好的，紮得牢牢的。」他一點布也沒有拿。

他們繼續往前走，看見一些扔在街上的衣服，機靈的農夫又把布扔掉，拾起了衣服。耿直的農夫還是堅定地說：「我為什麼要把羊毛扔掉？」

繼續往前走，他們又看見了扔在地上的一些銀餐具。於是，機靈的農夫把衣服扔掉，盡可能地把銀器收拾好帶走，但耿直的農夫還是不肯丟棄他的羊毛，因為「捆得好好的，紮得牢牢的」。

再往前走，他們看見路上有金子了。機靈的農夫又扔掉銀器，拾起金子。但耿直的農夫卻說：「羊毛已經捆得好好的，紮得牢牢的了。」

回家的路上，下雨了，羊毛被雨水淋得溼透了，愚蠢的農夫只好把羊毛全扔掉了，兩手空空回到家；聰明的農夫卻因得到了金子而富裕起來。

耿直的孩子往往會一條路走到底，而路卻不可能一路直下去，所以常常會碰壁，而圓滑、懂得變通的孩子卻能學會迂迴，所以他們不但沒有碰壁，還會先走到終點。所以有時候也應該讓孩子學學「猴子摘玉米」。

小叮嚀

父母應該認清孩子耿直性格的利弊，做好對孩子的引導

利

1. 堅持真理、堅持信念：
2. 不計恩怨，知錯就改；
3. 不畏權勢，剛直敢言；
4. 胸懷坦蕩，仗義執言；
5. 待人坦誠，表裡如一；
6. 值得信任，可託大事；
7. 嫉惡如仇，意志堅強；
8. 不為外物所動。

弊

1. 不善於迂迴，經常碰壁；
2. 不通世故人情，欠缺思考；
3. 太過於直爽，不給人留情面；
4. 有時候也過於斤斤計較；
5. 鋒芒過露，容易招來排擠；
6. 自我意識過強；
7. 缺乏理智的處世方法

講個「審時度勢，恪守耿直」的故事

有位母親打來諮詢電話說，她覺得耿直的性格挺好的，兒子就是耿直的性格，很直率，大家都很喜歡他，很尊重他，他學業成績也好，在班上

是班長，但是或許是因為他的直率，也常常會得罪一些調皮的同學，所以跟調皮的同學相處得很不好，而且好幾次被調皮的同學欺負。但是又不願讓孩子變得圓滑，因為這位母親感覺太圓滑的人，在社會上還是不會讓人誠服的。但是又不知道該怎麼辦。

我跟那位母親說，耿直的性格固然是要孩子恪守的，因為只要將耿直的性格優化好，孩子的前程是無量的。其實優化耿直的性格也很好，就是做到審時度勢，像魏徵一樣。你可以嘗試著和孩子講魏徵的故事。

在魏徵因病去世後，唐太宗給予了魏徵這樣的評價：「人以銅為鏡，可以正衣冠，以古為鏡，可以知興替，以人為鏡，可以明得失；魏徵沒，朕亡一鏡矣。」

我們都知道魏徵是一位諫臣，自入朝議事之後，魏徵一如既往，耿介直言秉性不改，只要是於國有害的，他敢冒天下之大不韙，置身家性命於不顧，在皇帝面前屢屢「犯顏」直諫，為唐王朝的政治清明、興旺繁榮，鞠躬盡瘁，死而後已。

即便國富民豐時，他也不時提醒唐太宗要法令嚴明，上下同守，嚴格執行貞觀初年制訂的「撫民以靜，愛惜民力」的方針，在大唐王朝日益繁榮富強的形勢下，提醒唐太宗居安思危，節儉用度。

貞觀中後期，整個社會的形勢越來越好。李世民對創業之初的困境漸漸淡忘，勵精圖治的銳氣也漸漸消磨了，滋長了帝王的奢侈之心。飽經憂患的魏徵，看在眼裡，急在心頭。

有一次，唐太宗去洛陽，路上住在顯仁宮。大隊人馬安頓下來，侍女奉茶，唐太宗一看茶盤、茶杯都是幾年前來這裡時用過的舊銀器，心中很是不快，命人把總管叫來，狠狠地訓斥了一通。總管心想：「貞觀初年，皇上您自己節省得很，怎麼如今嫌這嫌那了呢？」雖然心裡這麼想，嘴上卻只好認錯，趕緊命御廚將皇上的晚餐多加了幾樣海鮮。晚上，唐太宗來到餐桌前，瞥了一眼，又大為不悅：「怎麼搞的，海味不見新奇，山珍又少得可憐，總管哪裡去了？快把他貶為百姓！」說罷拂袖而去。

第二天，魏徵知道了事情的來龍去脈，便來到唐太宗的內官。這時的魏徵已是唐太宗的寵信之臣，進出較為方便，與唐太宗講話亦自在得多了。敘過君臣之禮後，魏徵轉入正題：「陛下，臣聞皇上為總管侍奉不好而發脾氣，臣以為這是個不好的苗頭。」

唐太宗不解:「我大唐國家殷實，多花幾個小錢有什麼了不起？再說，我可是一國之君啊！」

魏徵深感唐太宗「當局者迷」，便決計為他指點「迷津」：「陛下，正因為您是一國之君，所以您一開頭，馬上上行下效，整個社會就要形成一種奢靡的風氣，那樣就糟了。」

「愛卿，請不要把話說得這麼嚴重。國君就我一人，其他人誰敢向我看齊？」

魏徵越發感到問題的嚴重性，他想：「皇上經常把隋亡的教訓掛在嘴上，何不以此來警策皇上呢？」

「陛下，當年隋煬帝巡遊，每到一地，就因地方上不獻食物或貢物不精而被責罰。如此無限制地追求享受，結果使老百姓負擔不起，導致人心思變，江山丟失。皇上怎麼能效仿隋煬帝呢？」

這一招果然靈驗，唐太宗大為震驚：「難道我是在效仿隋煬帝嗎？」

「是的，陛下！像顯仁宮這樣的供應，如果知足的話，會感覺很滿足的。但如果真是隋煬帝來了，即使供應豐盛精美一萬倍的食物，也難填他的欲壑。」

唐太宗聽了既震驚又感動：「愛卿，除了你，其他人是講不出這種話的啊！」

在封建時代，皇帝擁有至高無上的權力，自命為「真龍天子」，傳說龍喉下有逆鱗，如有誰撫之，就要被殺，故批評皇帝就叫「犯龍鱗」，很危險。魏徵為國家的長治久安和黎民百姓的安居樂業，不畏「犯龍鱗」，剛直敢言，勇於諫諍，檢點太宗的過失，這需要多大的勇氣啊！作為一國之君，有時也免不了因為魏徵不顧「天子」的面子，對國君當面「揭短」而大發其火。有一次，魏徵又在朝廷上把唐太宗弄得很尷尬。退朝之後，唐太宗憤怒地說道:「魏徵每次上朝都不顧我的面子，我早晚要殺了他！」當然，唐太宗最終沒有殺魏徵，想通之後，反而更加信任魏徵了。在以魏徵為代表的大臣帶動下，貞觀年間形成了群臣爭相諫諍的空前絕後的局面，它是貞觀之治形成的重要因素。

為什麼魏徵耿直的性格也能讓他成就大業呢？很簡單，他能夠審時度勢，如果他的耿直用在夏桀商紂面前的話，或許早就被送上斷頭臺了。審時度勢、因人而異便可以讓耿直的性格發揮到極致，優化到極點。所以讓耿直的孩子學會審時度勢，便是優化性格的開始。

備選故事任你挑

無規矩不成方圓。「規矩」是基礎，是做事的根本之道，但在為人處世時又不能太「規矩」，而要做到會變通，不死板，靈活、機智地做事，這就好比潤滑劑，能推動事情順利進展，促使事情成功。所以我們有必要告訴孩子，在做事時要不逾越為人準則、框架，為人之本，做一個耿直、坦率之人，更要懂得圓融、變通的處世之道。水至清則無魚，人至察則無徒，凡事要掌握好分寸，拿捏分寸，善於在規矩之上做到八面玲瓏、左右逢源。

讓孩子走出「按圖索驥」

如果你的孩子過於「教條」，像這個孩子一樣：

我兒子過於「教條」了，可能是因為他生性耿直的原因。只要我們教他什麼，他就會按照我們教的去做，一次教他學騎自行車，我教他騎車的時候要一直看著前方，他的目光就一直注視著前方，而不看腳下，結果被一塊石頭絆倒了。耿直的孩子其實也沒有什麼不好，因為在家裡不用我們操太多的心，但是有時候也感覺孩子太過於愚笨。我怎樣才能讓孩子走出「教條」呢？

過於耿直的孩子就會像上面那個男孩一樣，變得很教條，如果你還沒有給孩子講按圖索驥的故事，你可以問問孩子：「你知道按圖索驥是什麼意思嗎？」如果孩子不知道的話，你可以和孩子講這樣一個故事：

春秋時期有一位名叫孫陽的人外出打獵，一匹拖著鹽車的老馬突然向他走來，在他面前停下後，對他叫個不停。孫陽摸了摸馬背，斷定是匹千里馬，只是年齡稍大了點。老馬專注地看著孫陽，眼神中充滿了期待和無奈。孫陽覺得太委屈這匹千里馬了，牠本是可以奔跑於戰場的寶馬良駒，現在卻因為沒有遇到伯樂而默默無聞地拖著鹽車，慢慢地消耗著牠的銳氣和體力，實在可惜！孫陽想到這裡，難過地落下淚來。

這次事件之後孫陽深有感觸，他想這世間到底還有多少千里馬被庸人所埋沒呢？為了讓更多的人學會相馬，孫陽把自己多年累積的相馬經驗和知識寫成了一本書，配上各種馬的形態圖，書名叫《相馬經》。目的是使真正的千里馬能夠被人發現，盡其所才，也為了自己一身的相馬技術能夠流傳於世。

孫陽的兒子看了父親寫的《相馬經》，以為相馬很容易。他想：「有了這本書，還愁找不到好馬嗎？」於是就拿著這本書到處去找好馬。他按照書上所畫的圖形去找，卻沒有找到。又按書中所寫的特徵去找，最後在野外發現了一隻癩蛤蟆與父親在書中寫的千里馬的特徵非常像，便興奮地把癩蛤蟆帶回家，對父親說：「我找到一匹千里馬，只是馬蹄短了些。」父親一看差點氣死，，沒想到兒子竟如此愚蠢，悲傷地感嘆道：「所謂按圖索驥也。」

這就是按圖索驥的由來，很多時候不論是過於耿直的孩子，還是其他性格的孩子都很容易陷入「教條」中，由此一來，就會像孫陽的兒子一樣，找千里馬竟然找回一隻癩蛤蟆來，所以要讓過於耿直的孩子走出按圖索驥的陰影，學會變通。

告訴孩子，話可以說得委婉些

一次跟朋友閒聊的時候，他說：「我女兒過於坦率，有時候還大大咧咧的，性格特像男孩子，所以常常跟男孩混在一起，像哥們兒一樣。這我倒沒有什麼意見，就是她說話的時候常常不注意場合，不管針對誰，老師也好，同學也好，只要「別人有什麼不對的地方就直言不諱地揭別人的短處，好幾次都把老師氣得打電話來向我告狀，我也跟女兒談過，但是那幾次的確是老師錯了。我又不方便去否定女兒，所以就沒有對她說什麼，只是讓她以後要學會尊重別人，人無完人，金無足赤。但還是改不了她那過於坦率的性格。」

性格的改變是很難的，這也是很多人以為性格不能改變的原因，但是如果你有恆心去教導孩子，將孩子的性格優化是完全有可能的。朋友說，孩子現在還小，最起碼還能聽得進家長的話，恆心肯定是有的。我跟朋友說：「你不妨多給孩子講一些委婉言辭的故事，讓孩子在故事裡多學一些說話的技巧，這樣，她的性格便會慢慢地得到優化。」於是和朋友講了下面這個故事：

第十章　外圓內方，遊刃有餘

1939 年初，納粹德國在軍事上節節敗退，士氣低落。但希特勒仍在狂妄地宣稱：「過不了多久，我仍可以吞併世界。」

有確切情報顯示，希特勒正在組織力量緊急研究一種威力可怕的祕密武器 —— 原子彈。為了早日結束戰爭，美國許多知名的科學家紛紛向總統羅斯福寫信或遊說，要求美國重視原子彈的研發，以便搶在德國之前製造出原子彈，但羅斯福反應冷淡，認為為一件武器投入巨大的國力沒有必要，不相信一件武器能左右戰局。

當時，總統的私人顧問薩克斯受愛因斯坦等科學家的委託，試圖說服總統，但用盡了辦法都未能奏效。在一次又一次費盡口舌的遊說失敗之後，薩克斯極度沮喪。

羅斯福注意到了，為顧及多年的友情，總統邀請這位老友次日共進早餐，以表歉意。早餐開始前，總統望著薩克斯手裡的關於原子彈的一疊資料說：「我們今天不談它，好不好？」

薩克斯愣住了，看來最後的機會也沒有了。薩克斯默默地吃著三明治，忽然靈機一動，對羅斯福微笑著說：「我想講個歷史故事，可以嗎？」羅斯福頷首點頭。

薩克斯說：「在英法戰爭期間，在歐洲大陸戰場上橫掃千軍的拿破崙在海上卻屢戰屢敗，這時有一個叫富爾頓的年輕人來拜見他，請求皇帝陛下把法國戰艦上的桅杆和槳帆撤掉，改裝上蒸汽機，把木板換成鋼板。但拿破崙卻想：「沒有槳帆的船能航行嗎？用鋼鐵做的船肯定會沉沒。這個人和瘋子差不多，缺乏常識。」結果富爾頓被轟趕出去。歷史學家在後來評論這段歷史時認為，如果當初拿破崙採納了富爾頓的建議，哪裡還有滑鐵盧之敗？ 19 世紀的歷史必會重寫。」

羅斯福停止了用餐，陷入了沉思。良久，總統先生倒了一杯酒走到他的老友面前：「你勝利了！我接受你的建議。」

薩克斯終於成功說服了總統，為美國搶在納粹德國的前面研發出原子彈立下了汗馬功勞。

忠言逆耳，沒有多少人能像魏徵一樣幸運地侍奉一個能廣開言路、虛懷若谷的唐太宗，所以這時，說話的技巧便成為我們成功制勝的途徑。應告訴孩子說話切記單刀直入，特別是指出別人的缺點的時候，掌握一些必要的技巧，不僅僅可以讓別人能容易接受你的意見，也會讓別人感激你，否則引來的只是別人的敵對。

想制勝就要先學會變通

女兒剛上一年級的時候，數學成績特別差，我發現女兒的逆向思考特別差，做什麼事的時候都很死板，一道數學題，換一下條件就不會做了，其實解答方法都是一樣的。為此我苦悶了很長時間，因為我發覺不管我怎麼告訴孩子要學會去變通，靈活運用運算方法，但是都不見成效。於是我便嘗試著運用一些講善於變通的故事來引導孩子，不管女兒在做語文作業還是數學、自然、歷史作業的時候，我都會常常拿一些故事來引導孩子要學會變通。一次女兒在做歷史選擇題的時候，我看到了一個「鎮南關大捷」的選項，便和女兒講了這樣一個故事：

在西元 1885 年 3 月，清軍與法軍在鎮南關發生了激烈衝突。偏將張春發得到命令後帶領數百名精兵巡哨偵察敵情，當他們到達一片大樹林時，忽然聽到前方人馬喧騰，號角聲陣陣，原來是兩千餘名押解大批武器彈藥準備去鎮南關增援的法軍正在行軍。張春發等人得知消息後非常緊張，慌忙躲入樹林中。沒想到法軍在穿越樹林一半時，由於人困馬乏，同時也害怕清軍的埋伏，便停下來休息整頓。

清軍藏了很久沒見有什麼動靜，以為法軍已經透過，便急馳而出，準備快馬加鞭回軍營彙報，不料衝到一半，正與法軍迎面相遇。

此時清軍又驚又怕，在這千鈞一髮之際，張春發對士兵們說：「假如我們這時逃命，法軍有槍炮，我們很可能會全軍覆沒。其實法軍根本不知我方虛實，他們肯定也會膽怯狐疑，不如趁他們還不知道怎麼回事時，向他們突發進攻，殺他個措手不及，說不定我們還可以生還。」說完張春發領軍向法軍衝擊，與法軍展開了肉搏戰。這時法軍大亂，以為真的中了清軍的埋伏，一時間又不知道清軍有多少人，短兵相接中法軍的槍炮無法施展，死傷慘重，紛紛丟棄槍枝彈藥而逃。

鎮南關前線的法軍聞知增援部隊已潰逃，武器盡為清軍所得，頓時軍心大亂，遂亦敗逃鎮南關。

「佳佳，你知道為什麼清軍能在軍力懸殊的情況下制勝嗎？」我問女兒。

「這跟諸葛亮的空城計是一樣的，都是在敵人對我方虛實未知的情況下取勝的。其實就是空城計的『複製版』。」女兒驕傲地說道。

「你說的沒錯，但是最重要的還是因為張春發的機智靈活，勇於變通，沒有錯過這個空城計的『複製版』，最終取得勝利的。」

圓滑可用，但耿直不可丟

或許很多家長說，現在倒不怕孩子不圓滑，現在的孩子聰明得很，圓滑起來比大人們還有手段，就是怕他們不踏踏實實做事，把耿直都丟棄了。於是常常很擔心他們過於圓滑，最後走向淺薄，沒有深度，說話缺乏真情實感，都是一些拍馬逢迎的話。

有位家長反映說：孩子有一次指出奶奶的錯誤並跟奶奶鬥起嘴來，於是我們說無論對錯，跟奶奶鬥嘴就是不對。所以要求孩子去跟奶奶道歉。事後孩子不再跟奶奶較勁，學會假奉承，現在反而很擔心孩子以後會太圓滑。

像這種情況我們常常也會遇到，孩子勇於說真話，但是有時候真話會傷人，所以便要求孩子要委婉點，由此，孩子又變得圓滑。孩子有時候就是這樣，似乎就是要跟你作對，其實這不過是孩子早期的正常現象罷了。對於過於圓滑的孩子，家長們要學會用故事來引導，但切記採用大道理，否則孩子又會變得過於耿直，優化就達不到效果了。對於過於圓滑的孩子可以用下面的故事，告訴他們圓滑可用，但是耿直不可丟：

中餐主管阿波為人忠厚、耿直，話不多，他做事憑自己的實力，對待員工和善，最大的缺點就是愛頂撞主管。

西餐主管阿浪很會逢迎老闆的意思，世故圓滑的處世方法使他進飯店後短短的幾個月時間職位就升了兩級。阿浪為此經常在員工們面前笑話阿波，說他做了兩年還是原地踏步，沒一點長進。阿波聽了，不以為然，依舊像以前一樣，該做什麼就做什麼。

對阿浪的所作所為，作為人事經理的我不得不提醒他。我說：「阿浪，其實做人沒必要這樣，你只要把工作做好，老闆自然會重用你。」阿浪笑了笑什麼也沒說。

沒過多久，阿浪違反飯店的規定，向客人索要小費，被顧客投訴到行政經理那裡。沒想到，經理替他向客人賠了禮、道了歉，隨便說了阿浪幾句，事情就不了了之了。這讓阿浪更是認準了一個道理：只要和經理做好關係，即使犯再大的錯誤，主管也會站出來幫忙他的。

後來，行政經理跳槽走了，我又找了另外一個行政經理。阿浪又想盡辦法籠絡新來的經理。至於阿波仍然是老樣子，該做什麼就做什麼。

「新官上任三把火」，新經理為了邀功，一來就實施了幾條不利於員工的措施，比如加班變成義務，每月四天假改為三天等。為此，阿波帶領本部員工據理力爭，這讓新來的經理一時間下不了臺，最後還是老闆出面才平息了當時的事態。阿浪趁機和新經理打成一片，新經理也的確需要這樣一個忠實的「僕人」。

過了幾個月，公司的生意崩塌，為了開源節流，老闆下令各部門進行裁員。而主管將只留一人。這時候，有些好心的員工便來勸告阿波，叫他不要那麼倔，應該去經理那裡打點打點，以免失業。阿波沒有去，他知道自己在劫難逃，便悄悄地收拾好行李。

第二天，結果卻出人意料，經理竟然炒掉了阿浪而留下了阿波。經理解釋說：「我是很想炒掉阿波，但竟然找不到要炒他的理由。他工作踏實，員工又擁護他，我怕炒了他會引發眾怒，牽連到自己。」

耿直無論放到哪裡都是一種良好的品格，所以孩子耿直的性格是不可丟的，只需讓孩子學會方圓處世就可以了。

給家長的悄悄話

怎樣將孩子的性格改善到外圓內方，這或許是大家一直都在關心的，我們還是先來看看下面這兩個故事吧：

有一位旅客，晚上住在火車站附近的旅館裡。一早醒來，發現睡過頭了，於是趕快整理行李，下樓結帳後去趕搭火車。可是在一樓大廳歸還鑰匙時，他突然想起吹風機、刮鬍刀和手錶可能都還放在房間浴室內忘記拿了。於是，他立刻告訴男服務生：「快，你幫我跑上樓 508 房間，看看我的吹風機、刮鬍刀和手錶是不是都還放在浴室裡？快，離火車啟動只剩下五分鐘了！」

男服務生一聽，來不及等電梯了，馬上從樓梯處快跑上五樓。過了三分鐘後，男服務生氣喘吁吁地空手跑了回來，上氣不接下氣地說：「先生，你說對了，吹風機、刮鬍刀和手錶，都還放在浴室裡，沒錯！」

其實在日常生活中，像這位男服務生一樣的人有很多，遇事不知變通，缺少「應變力」和「判斷力」，只是一味地守本分，一個命令、一個動作，讓人聽了哭笑不得。再看看另一個故事吧：

有個神算，稱自己是先知先覺的「神算子」。能前知一千載，後知八百年。

一天，他帶著弟子到集市擺攤，有三個上京趕考的秀才路過這裡，見他招牌上醒目地寫著「神算子」，而下面的內容是：算命時分文不收，印證後隨便賞酬。於是，這三人便走過去問他：

「此番上京趕考，你看我們三人中能考中幾個？你要是說對了，到時一定重重酬謝。」神算子閉上眼睛，裝腔作勢地拿手指頭掐來掐去算了一會兒，然後伸出一個指頭。三個秀才見狀忙問：

「這是什麼意思？」

神算子說：「天機不可洩露。」

幾個月後，這三個人中果然有一個人考中了舉人，新舉人果真不食言，以厚禮酬謝了神算子。後來當神算子病重快要死的時候，他將弟子叫到身邊說：

「你不是很想為師的傳授你神算的真功夫嗎！其實很簡單：即說話要模稜兩可，暗示可作多方面的解釋。如那次三個秀才問我能考中幾個，我便伸出一個手指頭。其意是他們三人中如果有一個考中，這個指頭就表示考中一個；如果有兩人考中，這個指頭就表示落榜一個；如果三人都考中了，那就表示一齊考中；如果三人都考不中，那就表示一個也考不中。總之，無論怎麼說，都能說得通。」

弟子聽後哈哈大笑說：「原來這就是天機，難怪不可洩露！」

如果你是那三位上京趕考的人，或許覺得他太過圓滑，但是他卻能圓滑到讓你啞口無言。不過說來說去，這還是一種行騙的方法，我們還是應該讓孩子做一個方圓皆有的銅錢，這才是最好的。那麼，該怎樣讓孩子做一個「圓滑」的老實人呢？還是一樣，到教子加油站去吧。

親子加油站

怎樣讓孩子做一個亦方亦圓的人呢？

1. 提升孩子的個人素養，方圓人生其實是一種智慧的表現，所以要讓孩子平時多提升個人素養，做到多學、多看、多思考，這樣在為人處世時才能「方圓」起來。
2. 在堅持自己的原則的前提下，做到圓而不滑，堅持了原則就可以做到方，然後再靈活地變通，便可以做到圓。
3. 為人處世要講求策略和方法，不要過於直接，學會去運用一些策略和方法來婉轉迂迴，這樣便可以做到方圓。
4. 要學會控制自己的情緒，加強自己的情緒意識，培養一個平和的心態，既做到不憤世嫉俗，又不會太圓滑世故。

第十一章
敏感多疑的孩子難成器

「猜疑之心猶如蝙蝠，牠總是在黑暗中起飛」，歐洲文藝復興時期的偉大詩人但丁（Dante Alighieri）就曾如是說。猜疑之心令人迷惑，亂人心智，甚至有時使你辨不清敵與友的臉孔，混淆了是與非的界線，使自己的事業遭受無端的損害和失敗。

不了解人、不了解世界、缺乏判斷力，往往是造成好猜疑、神經質、判斷錯誤和發生誤會的主要原因。因此，克服多疑，克服神經過敏的缺陷，就得從走出以自我為中心開始。打開心門面向外部世界，面向他人，多交往，多了解，以獲得對人對事物的正確認知和準確判斷。

相信別人，相信自己，相信這個世界，走出神經質和絕對化的陰影——這樣，孩子才會擁有一份輕鬆快樂的心情，才會擁有和諧完美的人生。

一切只因缺少愛

我們常常會問，敏感多疑的性格來自於哪裡？

其實很簡單，就是一個「愛」字，缺少愛的孩子常常會變得敏感多疑，而治療的方法也是一個「愛」字，用愛去溫暖敏感，疏遠多疑。

一次在朋友的心理諮商中心遇到一位年輕母親前來諮詢：

我和我先生離婚後，兒子源源一直跟我一起生活，但是我能感覺到他一直都無法接受這個事實。開始的時候，源源非常傷心、無助，後來變得完全不信任我，對我抱有敵視的眼光，性格變得敏感而多疑。當他看到別人看著他說話的時候，就以為別人在說他壞話。後來我又結婚了，源源的繼父也帶著一個 4 歲的男孩。

一次我下班回來時為源源買了他最愛吃的柳丁，當時源源在房間裡寫作業，弟弟在外面玩，於是我就跟弟弟說：「東東，你先拿一個，然後去叫哥哥出來吃柳丁。」

源源聽見我先叫弟弟吃，就覺得我偏愛弟弟，所以就在房間裡關起門來生悶氣，晚餐都沒有吃，幾天下來都沒有理我。

我朋友聽了這位年輕母親的話，就看著我說：「你有什麼辦法？」

「我前段時間看到一個故事跟你的故事很相像，或許對你有些幫助。」我說。

石油大王洛克斐勒的兒子生性多疑，多方醫治毫無成效。

有一天，父子倆在儲藏室收拾東西，父親讓孩子爬上一個高架子。孩子說：「我爬上去了，你如果把梯子拿走了，我就下不來了。」父親說：「放心吧，相信我。」孩子爬上去了，洛克斐勒卻把梯子拿走了。

孩子說：「你為什麼要騙我？」父親說：「我要讓你知道，一切都要靠自己，不要指望別人。」

洛克斐勒的兒子傷心地站在高架子上，躊躇再三，感到很絕望，他流著眼淚，閉上雙眼縱身一跳，洛克斐勒則展開雙臂，穩穩地接住了孩子。孩子驚奇地睜開眼睛，看到父親輕輕地撫著他的頭髮。洛克斐勒說：「孩子，我要讓你記住，任何時候，在這個世上你連父親都不信任，還能信任誰呢？」

「信任其實源於愛的碰撞，一種來自於靈魂深處的相互默契。當一個人能感到別人的愛的時候，離敏感猜疑就越來越遠了。」我補充說。

「你的意思是說，孩子缺乏愛？」年輕母親詢問道。

我點了點頭。「可是我給的愛，已經很多了。我不可能偏向哪個孩子。」年輕母親說。「是的，這是一件很矛盾的事，所以需要心理專家來做出解答。」我便又把問題交給了朋友。

朋友給出了以下幾點建議：

增加與孩子的心靈溝通

對於敏感的孩子，父母一定要重視心靈的溝通，不要經常責備、打罵孩子，增加孩子的心理負擔，造成孩子的情緒過度緊張。

重視情感和心靈的溝通，需要父母注重平時的點點滴滴，讓孩子多與父母接觸，透過談話、活動等形式加強與孩子的情感交流，讓孩子知道父母對孩子的愛，培養孩子與父母之間的信任感，這種情感的溝通可以消除孩子與父母之間的誤會，盡量避免孩子的無端猜疑。

父母不要以為孩子年齡小，不告訴孩子真相就不會傷害孩子。其實孩子內心是很敏感的，一旦孩子被家長的行為所傷害，帶來的可能是無窮的後患。

同時，父母要細心照顧和關心孩子，用自己真摯的愛心和實際的行動去化解孩子心中的疑慮，穩定孩子的情緒，讓孩子逐漸開朗起來。

當然，這個過程是個漫長的過程，只要父母確實去做，孩子就會感受到父母的愛，會增加對父母的信任，進而增加對他人的信任。

盡量避免意外事件對孩子造成影響

一般來說，重大的意外事件容易對孩子造成負面的影響，使孩子變得敏感而多疑。比如：父母離異、失去親人等重大的變故對孩子的打擊是非常大的。

孩子由於心理承受能力比較弱，往往無法承受如此大的打擊，從而給孩子留下了巨大的心理創傷。因此，父母應盡量維持溫馨和睦的家庭氛圍，避免意外事件對孩子造成不良的影響，使孩子的身心在健康的環境中得到良好的發展。

如有不可避免的事情要發生，最好提早和孩子溝通，讓孩子做好充分的心理準備，減少突發事件對孩子的負面影響。

提升孩子的認知水準

敏感多疑的孩子往往行為孤僻，多愁善感，善於覺察別人不易覺察的細節。但是卻缺少與人溝通的能力，缺少是非辨別能力，喜歡按照自己的想像來判斷別人的想法。

父母應該鼓勵孩子多與人交往，在交往中增加對他人的信任感，另外，鼓勵孩子多學習，從書本中學習知識，提升是非辨別能力和邏輯思考能力等。總之，讓孩子擴大知識面，對於提升孩子的認知水準，消除孩子的敏感是很有幫助的。

培養孩子的抗挫折能力

過於敏感的孩子往往是因為從小獲得父母的過多保護，從而失去了獨立性，對父母的依賴性強，意志薄弱，無法承受重大的挫折。因此，父母在日常生活中應該適當對孩子進行挫折教育，讓孩子承受一些小的挫折，並鼓勵孩子從挫折中站起來。

較小的挫折孩子比較能夠承受，在一次次的小挫折中，孩子的抗挫折能力就會得到提升。在面對較大的挫折時，孩子也會根據自己的經驗，理智地去面對，而不是無法接受、束手無策。

父母要注意的是，孩子是不斷成長的，對於他們來說，敏感可能只是階段性的，尤其是當他們對父母特別敏感時，父母一定要用真誠去打動孩子，切忌斥責打罵孩子！

小叮嚀

敏感多疑的性格有什麼利弊呢？

利

1. 想像力豐富，目光獨到，觀察能力強。
2. 感受能力強，有文學藝術氣息。
3. 善於捕捉資訊，有前瞻性眼光。
4. 富有愛心，社會責任感強。
5. 勇於懷疑一切，細心認真。

弊

1. 猜忌心太強，警惕性過高。
2. 容易神經過敏，不易對人產生信任。
3. 經常感情用事，自卑感強。
4. 容易自我封閉，社交能力差。
5. 以自我為中心，過於主觀臆斷。
6. 排斥他人，排斥社會。
7. 情緒不穩定，易緊張、衝動。

從「打開信任的心窗」說起

信任，是架設在人心的橋梁，是溝通人心的紐帶，是震盪感情的琴弦。因為對春天的信任，花兒才綻放得爭奇鬥豔；因為對大地的信任，高山才屹立得巍峨壯觀；因為對大海的信任，小溪才獲得更廣闊的生命。打開孩子信任的心窗，讓孩子去感知人心的暖意和生命的崇高。

每個孩子都有一定的敏感期，敏感也往往會滋生猜疑的性格，所以在孩子處於敏感期的時候，要做好對孩子性格的引導，不要讓猜疑關閉孩子的心門。

我的朋友打來電話說要向我借幾個故事來治療一下孩子的多疑，他說昨天有位家長向他諮詢時說，他的女兒小時候，一次在樓下的公園玩樂的時候，被人拐騙過，後來警方把孩子找了回來，雖然被拐騙的時間很短，就三四個小時，但是從那次被拐騙後，孩子變得很敏感、多疑，常常連他和他妻子的話都不相信，也不肯出門。現在該到上幼兒園的年齡了，也不肯去，不知道該如何是好。我的朋友給他幾個意見後，也把我的故事治療法提供給他了，於是朋友問我有沒有這方面的故事，我頓時無語，後來對他說過幾天用 Line 發一些資料過去。

後來我便給朋友發了兩個關於敏感多疑的故事：

麻雀偷來了許多食物儲藏在家中。看著這些東西，麻雀很擔心別人會來偷。於是牠把所有的鄰居都點名：「烏鴉不是什麼好傢伙，聽牠的嘶叫聲就知道牠用心不良；燕子呢，別看牠穿著燕尾服，一副斯文模樣，誰能料到會暗藏什麼心機；杜鵑，是個冒充醫生的騙子，聽說牠從小就表現不好；老鼠更是一個無惡不作的慣竊……唉，跟牠們做鄰居，我要嚴加防範！」

想呀，想呀，麻雀越想越擔心，整天蹲在家門口的樹枝上，轉動著圓圓的小腦袋，警覺地東張西望，尖尖的小嘴不停地叫著：「不許偷，不許偷！」就在晚上也不安心，只稍稍打個盹。

就這樣折騰了幾天，麻雀筋疲力盡，「咚」的一聲從樹上掉了下來，被過路的野貓吃掉了。

告訴孩子多疑會讓自己心力交瘁，只有打開信任的心窗，心靈才能呼吸到清新、友善的空氣。

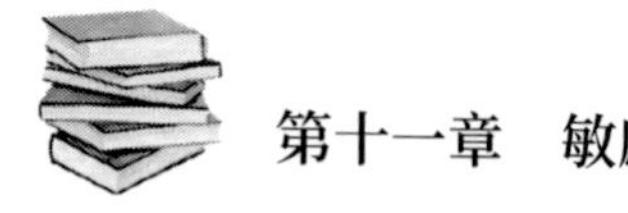

傑克十分輕信他人。

在求職的路上，他被一個騙子用假金像騙走了 3,000 美元。

於是人們提醒他：「小心啊，現在大街上到處都是騙子、惡棍、小偷和無賴，千萬不能輕信任何人啊！」

輕信的傑克全盤接受了人們的勸告。從此，他變成了一個多疑的人。

傑克雖然身材健美、知識豐富且多才多藝，然而卻還沒有找到理想的工作。他必須每天奔走於大街小巷，為尋找一份自己較滿意的工作而忙碌不休。

這天，一位中年女畫家看中了他的體型，欲以高薪聘請他做她的業餘模特兒。要知道，這位女畫家開出的價錢，足夠他十年坐享其成！

「怎麼樣？ 20 萬美元，年輕人，你當我的業餘模特兒。平時你可以從事你的正職工作。」

傑克先是驚喜，而後便生疑:「天下哪有這種憑空的好事？哼！詐騙！詐騙！」

多疑的傑克朝女畫家冷冷看了一眼，走了。

他失去了一次賺 20 萬美元的機會。

又過了幾天，他到一家德國公司應聘。經過面試，老闆看中了他一口流利的德語、一副健美的身材和那種穩重且略顯憂鬱的氣質。

「你被錄用了，就做我的助手兼翻譯，月薪 3 萬美元。請你今晚就開始工作，因為今晚有一個重要宴會，需要你出面翻譯。」老闆說。

「那我的家呢？」傑克擔心家裡無人照顧。

「家就不用去管它了，上班吧。」老闆說完，忙別的事去了。

多疑的傑克卻想：「不讓我回家照顧，莫非這是一家詐騙公司？企圖用謊言留住我，然後派人把我家偷個一乾二淨？況且，3 萬美元的月薪，怎麼可能這麼高？哼！一定是個陰謀，不能相信，不能相信！」

傑克走了，不辭而別。走在路上，他還在慶幸：「天哪，幸虧我警惕性高，要不然……」

回到家，看到家裡一切完好無損，他高興地笑了。然而，他哪裡知道，他損失了更多的東西呢？

敏感、猜疑有時候是必要的，但不要過度地輕信別人，也不要過於猜疑，多疑只會讓自己喪失更多人生的快樂與機會。

備選故事任你挑

不管是孩子的人際關係還是我們自己的人際關係，有時候可以堅不可摧，有時候卻也不堪一擊，堅不可摧是因為有信任的基石，不堪一擊是因為有敏感多疑的蟻穴。給孩子一顆信任的種子，讓孩子在人際圈裡種下，精心地去呵護它的成長，凝望它的力量，孩子的心靈定然會結出一個叫做信任的果實，只有這樣，孩子在交際圈裡品嘗到的果實才是甜蜜的。

疑心會讓你失去更多的朋友

女兒剛上幼兒園的時候，我發現了她變化很大，上幼兒園之前本來在家裡活潑可愛，可是上了一週幼兒園以後卻發現她變得特別敏感多疑。而且還有極強的嫉妒心。當時我還不知道是為什麼，於是便向做身心科醫師的朋友諮詢，朋友說，孩子現在交際圈剛剛擴大，可能因為我女兒佳佳在幼兒園裡沒有朋友，而其他小朋友或許都有那麼一兩個認識的，所以孩子會出現這種心理的變化。其實這是很正常的，這時候應該對孩子進行交際的引導，讓孩子跟其他小朋友交上朋友。如果孩子的疑心再強化的話，會讓她的性格轉向敏感多疑。

後來我透過詢問老師了解到，女兒果然在幼兒園沒有一個朋友，她也不肯去跟別人交朋友。於是我便和孩子講了這樣一個故事：

有一棵大樹，上面有個鳥巢裡住了兩隻鳥——一隻是早就住在這裡的，一隻是剛剛飛到這裡還沒有築好巢的，由於快到冬天了，可以築巢的東西很少，所以新來的鳥兒便問那隻原來住在這裡的小鳥，是否可以在牠家住一個冬天。那隻小鳥疑惑了很久，最後還是很不情願地答應了。於是，兩隻小鳥便開始儲存冬季的糧食，採來了很多水果，將巢裡放得滿滿的。後來兩隻小鳥在採果實中慢慢增進了感情，成為了好朋友。

有一天，因為陽光酷熱，牠們採的水果由於被晒得脫水而使體積變小了。原來住在這裡的小鳥從外面採果子回來時，看到原本滿滿的水果變少了，就對那隻後來的小鳥說：「我們一起辛苦地採水果，為什麼你獨自吃了而不告訴我？」

後來的小鳥說：「我沒有吃啊！」

原來住在這裡的那隻小鳥說：「水果明明減少了，你怎麼說沒有吃呢？」

後來的小鳥委屈地說：「我真的沒有吃啊！」

原來住在這裡的小鳥十分生氣，用嘴一直啄後來的小鳥，啄得牠遍體鱗傷。後來的小鳥最終傷心地飛走了。

之後，忽然下了一場大雨，水果因雨水浸泡又膨脹起來，和原來一樣占滿了鳥巢。這時，原來那隻小鳥才知道自己誤會了新來的那隻小鳥，牠覺得很後悔，於是在鳥巢旁一直啼叫，希望呼喚新來的那隻小鳥回來。雖然晝夜不停地呼喚，但是再也看不到新來的那隻小鳥的蹤影了。

因為新來的那隻小鳥已經在不遠處，遇到了一隻好心的小鳥收留了牠，而且結成了好朋友。

「佳佳，想要擁有朋友，就必須去信任別人，只有信任才能打開彼此的心窗，溝通是從心開始的，只要以心相交，就必定能擁有最真摯的友情，這樣你就會變得快樂。」女兒不好意思地低下了頭，應了一聲。第二週，女兒果然跟她的同桌交起了朋友，原來的敏感多疑便煙消雲散了。

信任是世上最溫暖人心的春天

朋友攜妻帶子來旅遊，因為剛好趕上休假，於是我們兩家便一起出去旅遊。在旅行中我發現朋友的女兒瑤瑤過於內向，不但膽小怕事，還生性多疑，朋友說瑤瑤從小就這樣，諮詢過幾次身心科醫師，都說多關心便沒事了，可是朋友的好話壞話都說遍了，還是沒有調整過來。於是我便想幫朋友做引導工作，並讓我女兒跟瑤瑤多聊聊天，可是無論女兒問她什麼問題，她都只是應付式地回答，給她東西也不敢吃。女兒最後洩氣了。於是我便前赴後繼地走到她的跟前，給瑤瑤最喜歡的冰淇淋，但是她搖搖頭說不吃，但是我能看得出來她很想吃，於是我便問她：「你喜歡聽故事嗎？」她沒有回答，但我還是和她繪聲繪色地講了這個故事：

一艘貨輪在煙波浩淼的大西洋上行使。一個在船尾做勤務的黑人小孩不慎、掉進了波濤滾滾的大西洋。孩子大喊救命，風大浪急，船上的人誰也沒有聽見，他眼睜睜地看著貨輪拖著浪花越走越遠……

求生的本能使孩子在冰冷的海水裡拚命地游，他用盡全身的力氣揮動著瘦小的雙臂，努力使頭伸出水面，睜大眼睛盯著輪船遠去的方向。

船越走越遠，船身越來越小，到後來，什麼都看不見了，只剩下一望無際的汪洋。孩子的力氣也快用完了，實在游不動了，他覺得自己要沉下去了。「放棄吧。」他對自己說。這時候，他想起老船長那張慈祥的臉和友善的眼神。「不，船長知道我掉進海裡後，一定會來救我的！」想到這裡，孩子鼓足勇氣用最後的力量又朝著船的方向游去……

船長終於發現那個黑人孩子失蹤了，當他斷定孩子是掉進海裡後，下令返航，回去尋找。這時，有人規勸他說：「這麼長時間了，就算沒有被淹死，也讓鯊魚吃了……」船長猶豫了一下，還是決定回去找。又有人說：「為一個黑人孩子，值得嗎？」船長大喝一聲：「住嘴！」

終於，在那個孩子就要沉下去的最後一刻，船長趕到了，救起了孩子。

當孩子甦醒後，跪在甲板上感謝船長的救命之恩時，船長扶起孩子問：

「孩子，你怎麼能堅持這麼長時間？」

孩子回答：「我知道您會來救我的，一定會的！」

「你怎麼知道我一定會來救你的？」

「因為我堅信您是那樣的人！」

聽到這裡，白髮蒼蒼的船長「撲通」一聲跪在了黑人孩子面前，淚流滿面：「孩子。不是我救了你，而是你救了我啊！我為我在那一刻的猶豫而感到恥辱……」

「一個人能被他人相信也是一種幸福。他人在絕望時想起你，相信你會給予拯救更是一種幸福。信任是世上最溫暖人心的春天，不僅僅溫暖的是你，還是我，還是大家。只要你有一顆信任的心。」講完故事後，瑤瑤的眼角裡含著淚水，她問我：「信任真的有這麼好嗎？」

我看著她點了點頭，說：「你試試這個冰淇淋，把它慢慢地吃下去，你會感覺到，它會比你以前吃的冰淇淋更甜更可口。」我把冰淇淋送到她的面前，她看著我，遲疑了一會兒，便接了過去，慢慢地吃了起來。我朋友最後跟我說，瑤瑤這麼大第一次吃陌生人給她的東西。我感到由衷的欣慰，並告訴朋友要多用故事去引導孩子。不要一味地去訓斥或講大道理。

給孩子看一幕信任的結局

我朋友說，近幾個月有好些領養地震孤兒的父母到他的心理診所諮詢，說感覺他們領養的孩子始終對自己懷有戒心，感覺孩子對自己還是不太信任，但是不知道該如何去與孩子溝通，因為孩子本身歷經了一場大災難，過於脆弱、敏感。朋友給他們很多建議都似乎不太見效，說想試試故事治療法。於是我便對朋友說，我這裡剛好有這樣一個故事：

這是一個真實的故事，在 18 世紀的時候，美國有位有錢的紳士，一天深夜在他回家的路上，被一個蓬頭垢面、衣衫襤褸的小男孩攔住了。

「先生，請您買一包火柴吧！」小男孩說道。

「我不買。」紳士回答說。說著紳士躲開小男孩繼續走。「先生，請您買一包吧，我今天還什麼東西也沒有吃呢。」小男孩追上來說。

紳士看到躲不開小男孩，便說：「可是我沒有零錢呀。」「先生，您先拿上火柴，我去給您換零錢。」說完，小男孩拿著紳士給的一美元快步跑了，紳士等了很久，小男孩仍然沒有回來，紳士開始覺得小男孩肯定是拿著錢走了，便無奈地回家了。

第二天，紳士正在自己的辦公室裡工作，助手說來了一個小男孩要求面見紳士。於是小男孩被叫了進來，這個小男孩比賣火柴的小男孩矮了一些，穿的更破爛。

「先生，對不起了，我哥哥請我把零錢送來。」

「你的哥哥呢？」紳士問道。

「我的哥哥在換完零錢回來找你的路上被馬車撞成了重傷，在家裡躺著呢。」紳士深深地被小男孩的誠信所感動。

「走！我們去看看你的哥哥！」去了小男孩的家一看，一個中年婦女正趴在小男孩的屍體上哭著。小男孩因為沒錢醫治而流血過多氣絕了。

那位中年婦女說：「先生，孩子在氣絕的時候叫我向您道歉說『對不起，沒有按時把零錢送還給您』。」紳士聽了中年婦女的話，當場痛哭失聲。最後紳士決定把中年婦女和小男孩接回他家，把他們當成自己的家人對待。中年婦女說：「您把這個小男孩帶走吧，我在這還有我的職責。」

後來紳士才知道，原來小男孩的父母早在一次地震中雙亡了，兩個小男孩是中年婦女從地震中救回來的，然後流落在街頭靠賣火柴度日。那個男孩說：「哥哥從來就不會失信，因為媽媽常常告訴我們要信任別人，也要讓別人信任我們，這樣才能把火柴賣出去。」

紳士聽了男孩的話，又暗暗地流下了淚水，於是紳士便把公司每年三分之一的盈利拿出來建立了一個信任基金會，使許多流離失所的孩子能夠找到一個家。

小男孩因為誠信不慎丟掉了生命，但小男孩的誠信卻換取了更多孤兒幸福的生活。我說：「只要給孩子看一幕信任的結局，讓孩子明白信任與猜疑，孩子就會學會去信任別人。哪怕是因為災難而敏感的孩子，一樣可以像賣火柴的小男孩一樣重新與人建立起信任。」朋友說：「既然給孩子看了一幕信任的結局，那你得告訴孩子信任的開始。」

我疑惑地看著朋友，不知道他說些什麼，朋友笑著說，「這只是一個結局，我現在就是要你的開始，那個賣火柴的小男孩，是怎樣透過中年婦女的故事走向信任別人，信任社會的呢？」想知道開始，接著看下一個故事吧。

信任使孩子的心門打開

那是18世紀的一個下午，一場突如其來的地震把美國的一個小鎮夷為平地，一位中年婦女是這場地震中的一名倖存者，當她從地震中走出來的時候，看到兩個小男孩抱著母親的屍體痛哭。在這場地震中，這位中年婦女其實也剛剛失去了一個年僅 12 歲的兒子，所以她感到這兩個小男孩是上帝賜給她的禮物，於是她帶著兩個小男孩來到了城市中心。開始，他們連工作都找不到，因為沒有人相信他們，不是因為他們沒有能力，而是因為沒人給他們擔保，最後他們只好上街去賣火柴，因為這不需要擔保。但是小男孩說：「既然沒有人信任我們，我們能把火柴賣出去嗎？」

於是這位中年母親便給孩子們講了這樣一個故事：

西元前 4 世紀，在義大利，有一個名叫皮斯阿司（Pisces）的年輕人觸犯了國王。皮斯阿司被判處絞刑，在某個法定的日子要被處死。

皮斯阿司是個孝子，在臨死之前，他希望能與遠在百里之外的母親見最後一面，以表達他對母親的歉意，因為他不能為母親養老送終了。他的這一要求被告知了國王。

國王感其誠孝，決定讓皮斯阿司回家與母親相見，但條件是皮斯阿司必須找一個人來替他坐牢，否則他的願望無法實現。這是一個看似簡單，其實近乎不可能實現的條件。有誰肯冒著被殺頭的危險替別人坐牢呢，這豈不是自尋死路嗎？茫茫人海，沒有人不怕死，但確有一個人不怕死，而且真的願意替別人坐牢，他就是皮斯阿司的朋友達蒙（Damon）。

達蒙住進牢房以後，皮斯阿司回家與母親訣別。人們都靜靜地看著事態的發展。日子如水，皮斯阿司一去不回頭。眼看刑期在即，皮斯阿司還沒有回來的跡象。人們一時間議論紛紛，都說達蒙上了皮斯阿司的當。

行刑日是個雨天，當達蒙被押赴刑場之時，圍觀的人都在嘲笑他的愚蠢，幸災樂禍的更是大有人在。但刑車上的達蒙，不但面無懼色，反而有一種慷慨赴死的豪情。

追魂炮被點燃了，絞索也已經掛在達蒙的脖子上了。有膽小的人嚇得緊閉了雙眼，他們在內心深處為達蒙深深地惋惜，並痛恨那個出賣朋友的小人皮斯阿司。

但是，就在這千鈞一髮之際，在風雨中，皮斯阿司飛奔而來，他高喊著：「我回來了！我回來了！」

這真是人世間最感人的一幕，大多數人都以為自己在夢中，但事實不容懷疑。這個消息宛如長了翅膀，很快便傳到了國王的耳中。國王聞聽此言，也以為這是不可能的。

於是，國王親自趕到刑場，他要親眼看一看自己優秀的子民。最終，國王萬分喜悅地為皮斯阿司鬆了綁，並親口赦免了他的罪。

那位中年婦女告訴孩子：「只要你信任別人，別人就會信任你，只要別人信任了我們，我們就可以生活得更好，就可以擁有更多的朋友。所以孩子們，你們要記住，信任，打開了人與人之間的隔閡，架起了心靈溝通的橋梁。」

給家長的悄悄話

這是我人生中第一個聽到的信任的故事，也是女兒人生中第一個聽到的信任的故事，如果你還沒有給孩子講信任的故事，它完全夠資格成為孩子「信任」的啟蒙故事：

有一個勞改犯人在外出修路的途中撿到了1,000元，他不假思索地把它交給了監管員警。可是，監管員警卻輕蔑地對他說：「你別來這一套，拿自己的錢變著花樣賄賂我，想用錢減刑，你們這種人就是不老實。」

囚犯萬念俱灰，心想這世界上再也不會有人相信他了。

晚上，他越獄了。

在亡命的途中，他大肆搶劫錢財，準備外逃。在搶得足夠的錢財後，他搭上開往邊境的火車。火車上很擠，他只好站在廁所旁邊。這時，有一位十分漂亮的女孩走進廁所，關門時卻發現門扣壞了。她走出來，輕聲對他說：「先生，您能為我守門嗎？」

他一愣，看著女孩純潔無邪的眼神，他點點頭。女孩紅著臉進了廁所。而他就像一個忠誠的衛士一樣，嚴嚴把守著廁所門。在這一剎那間，他突然改變了主意。在下一站，他下車了，到車站派出所投案自首。

信任是無處不在的，信任可以讓一個人的思想變得崇高，可以讓一個人的命運得以改變，信任是一種至優的性格，那麼怎樣優化敏感猜疑的性格，讓孩子擁有一個被優化後的信任堅定的性格呢？

- **讓孩子要相信自己**：性格敏感的孩子遇到問題時，很容易緊張，所以要讓孩子時刻保持清醒頭腦，勇敢面對，正確分析，不要逃避。要相信沒有永遠的困難，也沒有解決不了的困難。敏感的孩子往往看不到自己的長處，總是懷疑自己的能力，所以要不斷提升其自我評價，對自己做出全面分析，多看看自己的長處。
- **擴大孩子的交際面**：性格敏感猜疑的孩子往往不善於交往，他們也很難與人交往，因為他們的猜疑心過重，很難誠心誠意地和別人做朋友，所以得讓孩子有一顆包容之心、忠厚之心去與人交往，不要猜疑，待人要誠懇，真心實意、表裡如一，與人平等相待。這樣，孩子就會讓別人信任，自然孩子也會遠離敏感猜疑了。
- **優化孩子的心理素養**：讓孩子走出敏感猜疑，得讓孩子有一種健康向上的心理素養，首先是讓孩子樹立遠大的人生目標，其次是專心致志於自己的事情。
- **甩掉錯誤的思維方式**：敏感猜疑一般總是從某一種假想的目標開始，最終回到這一假想的目標，這種假想目標往往沒有實踐的基礎，也往往會使人走向錯誤。所以只有擺脫錯誤的思維方式的束縛，才能使敏感猜疑的心理不攻自破，自行消失。

- **敞開心扉，增加心靈的透明度**：性格敏感猜疑的孩子往往比較自閉，自閉必然會與他人產生隔閡，因此會形成惡性循環，變得越來越敏感、多疑。所以要讓孩子敞開心扉，樂於接受別人，提升社交能力與自我開放意識，勇於正視現實，這樣就會一步步糾正自閉的缺點，進而讓自己「透明」起來。
- **不要輕信流言，要先了解事實真相後再下結論**：性格敏感猜疑的人會因為一件小事或因為流言而對人產生懷疑，所以要綜合各方面要素後再做出結論，不要輕信流言。這樣才能將性格優化得更好。

親子加油站

性格是有其利弊的，不管是敏感多疑，還是信任堅定。那麼信任堅定的性格又有哪些利弊是我們在優化孩子性格時需要注意的呢？

利

1. 可以建立很好的社交關係。
2. 能夠理智地解決問題。
3. 容易得到別人的幫助。
4. 容易走出困境，走向成功。

弊

1. 過於輕信別人，容易受騙上當。
2. 做事過於掉以輕心，容易犯錯。
3. 人際關係過於複雜，容易被瑣事纏身。
4. 做事怠慢，容易形成拖拉的習慣，進而形成遲鈍的性格特徵。

第十二章
坦然收起完美，釋然接受殘缺

誰都想擁有一個完美的世界，在那個世界裡，一年四季都是暖春，夜夜都有圓月相伴，每個人的臉上都掛滿笑臉……一切的一切都那樣的完美，但那只是一個烏托邦的世界。當我們走進現實的時候，就會感覺處處都是殘缺。但是，露似珍珠月似弓的九月初三夜，又何嘗不是一種美呢？

完美無需點綴，只需優化

金無足赤，人無完人，所以一些常常被我們視為已經夠完美的人，也常常感到苦惱，進而變得憂鬱。

為什麼人們明明知道完美很累，卻執著地苦苦追求呢？還是先來看看這個故事吧，故事裡映射著我們很多孩子的身影：

一位美國小女孩瑪麗．班尼對自己的遭遇困惑不已，於是，她寫信給《芝加哥論壇報》（*Chicago Tribune*），向無所不知的西勒．庫斯特先生詢問，為什麼她幫助媽媽把烤好的麵包擺上餐桌，只得到了一句「好孩子」的稱讚，而她那個什麼都沒做、只會調皮搗蛋的弟弟卻得到了一個香噴噴的甜餅。她認為上帝對像她這樣善良的小女孩來說，實在是太不公平了。她覺得無論是在家還是在學校，像她這樣的好孩子總是會被上帝遺忘，那些表現不佳的孩子反而能得到上帝的垂青。

作為《芝加哥論壇報》兒童版《你說我說》節目的主持人，西勒．庫斯特先生收到過無數封類似這樣的來信。有千千萬萬個孩子向他詢問為什麼上帝不獎賞好人。可是他總是無法回答這些心情難以平靜的孩子們。西勒．庫斯特先生為此心情沉重，他總是為這些感到不平的孩子們擔心，卻沒有好辦法來應對這個問題。

正在他為無法回覆瑪麗小女孩的來信而不知如何是好時，他應一位朋友的邀請參加了一場婚禮，這場婚禮讓他醍醐灌頂。他不但找到了答案，而且因此名揚天下。

婚禮很普通，新娘和新郎走進教堂，接受了牧師的祝福。但在互贈戒指時，也許是心情太激動了，也許是過度的幸福讓他們有些緊張，兩人陰差陽錯地都把戒指戴在了對方的右手上。看到這一幕，那個幽默的牧師微微一笑說：「右手已經夠完美了，我想你們最好還是用它來裝扮左手吧。」西勒．庫斯特聽到這句話後，茅塞頓開。

他得出結論：右手本身就已經很完美了，所以無需戒指的點綴，而善人之善，也就是上帝給予的最高獎賞了。發現了這一真理的西勒．庫斯特興奮不已，他立即給瑪麗．班尼小女孩回了信，寫道：上帝讓你成為一個好孩子，這就是對你的最高獎賞。這封信不僅寄給了那個困惑的瑪麗小女孩，而且被刊登在《芝加哥論壇報》上，被美國及歐洲 1,000 多家報紙轉載，讓所有和瑪麗．班尼小女孩有著同樣困惑的孩子們不再感到不平。

是不是孩子總是向我們埋怨，為自己的善良和付出沒有得到相對的回報而感到苦惱，感到不公呢？你不妨用這個故事告訴孩子：其實完美是無需再點綴的，只需優化，優化我們的心態，真正去認知完美。這樣我們才可能做到完美而不苦惱，不埋怨。

小叮嚀

完美型性格的孩子有什麼利弊？

利

1. 目光長遠，思維縝密。
2. 表現力出眾，社交能力強。
3. 注重細節，道德高尚。
4. 勇於為真理而奮鬥。

5. 執著進取，有藝術才華。
6. 行事認真，很有號召力。

弊

1. 過於追求完美，容易苦惱。
2. 對自己過於苛刻，有自虐的傾向。
3. 行事有時會優柔寡斷。
4. 容易輕信流言。
5. 對他人的要求太嚴格，容易得罪別人。
6. 自我意識太強，不願聽取他人意見。

講個「隨性 PK 完美」的故事

在朋友之間，我們常常會有這樣的羨慕：「你看你妻子又賢慧，女兒又聽話，不像我天天都有不同的煩惱。」而對方卻說：「家家都有本難念的經呀！」即便在我們看似和美幸福的家庭裡，也會生發出這樣的感慨。就像我們說孩子「身在福中不知福」一樣。為什麼孩子身在福中不知福呢？看看這個故事吧：

一個越國人為了捕鼠，特地弄回一隻善於捕老鼠的貓，這隻貓善於捕鼠，也喜歡吃雞，結果越國人家中的老鼠被捕光了，但雞也所剩無幾，他的兒子想把吃雞的貓弄走。

父親卻說：「禍害我們家的是老鼠不是雞，老鼠偷我們的食物，咬壞我們的衣物，挖穿我們的牆壁，損壞我們的家具，不除掉牠們我們必將挨餓受凍，所以必須除掉牠們！沒有雞大不了不吃罷了，離挨餓受凍還遠著呢！」

這就是孩子身在福中不知福的原因，他們總是想魚和熊掌兼得，但是這又是不可能的，所以當孩子在溫飽中失去了「雞」的美味時，他們便覺得生活少了些什麼，特別是過於追求完美的孩子表現得尤為突出。看看下面這個小和尚是不是也有孩子們的身影：

已經是冬至了，廟裡的草地上仍然是一片枯黃。

小和尚說：「師父，快撒點草籽吧，這草地多難看啊！」

師父讚許地看著小和尚說：「好啊！等天氣暖了，隨時吧！」

初春時節，師父買了包草籽叫小和尚去種。

在陣陣春風吹動下，草籽邊撒邊飛……小和尚急得喊了起來：「師父，不好了！許多草籽都被風吹走了！」

師父不動聲色地說：「嗯，沒關係，吹走的多半是空的，撒下去也發不了芽。隨性吧！」

種子剛撒完，就引來一群麻雀。小和尚急得直跺腳：「壞了，壞了！草籽都快被麻雀吃光了。這可怎麼辦呢？」

師父和顏悅色地說：「別急，種子多，吃不完，隨遇吧。」

播種那天夜裡，忽然又下了一陣暴雨。清晨，小和尚到院子裡一看，就三步並作兩步地沖進禪房：「師父，糟糕了，草籽都讓雨水沖走了！」

師父毫不介意地說：「沖到哪裡就會在哪裡發芽，隨緣吧！」

七八天過去了，枯黃的草地上居然長出一片青翠可人的綠色小苗！原來沒有播種的地方也泛出了綠意。

小和尚高興得直拍手：「好看，太好看了！」

師父眯起笑眼，慢慢點著頭說道：「隨喜！隨喜！」

那片曾經被小和尚視為完美的土地雖然沒有完全覆蓋綠油油的草，但另一片地卻綠草茵茵。生活就是這樣，常常是有心栽花花不開，無心插柳柳成蔭。當孩子過於追求完美的時候，讓孩子去看一場隨性與完美的 PK 賽，或許孩子會有所感悟。

備選故事任你挑

一次朋友喬遷新居，我去他家做客時，來到他的臥室，看到有幾盆盆景尤為精緻，我便跟朋友說，這肯定花了大價錢買來的吧。朋友說：「朋友送的，不過我不喜歡。」我便奇怪地看著朋友，他說：「你沒有發現這幾盆盆景都沒有枯葉嗎？看上去很精緻，很鮮豔，完美無缺，可惜卻殘缺在沒有枯葉上。」我認真看了看才發現那是假盆景。朋友說：「我還是喜歡真的，即便會凋謝，會枯黃，甚至會死，我也喜歡自然的，因為自然才是真正美的，而這種完美卻是一種人工雕琢出的美，沒有殘缺怎麼會知道完美呢？長江之所以美，是因為蜿蜒曲折的流韻，長城之所以美，是因為艱難跋涉於崇山峻嶺之中。」朋友的話，讓我陷入了沉思之中……

給孩子上一節自然課

自然美才是最美的，這就是應該給孩子上的自然課。

女兒是一個完美主義者，特別是在我面前，表現得尤為謹慎，一次在我書房的時候，我叫她朗讀朱自清的《荷塘月色》的時候，因為她沒有學過這篇文章，過於生疏，所以只要讀錯一個字，就倒回去重讀。就這樣兩個小時過去了，她還沒有讀完一篇文章。我便對女兒說：「佳佳，你不要讀了，爸爸給你上一堂自然課好嗎？」女兒卻執拗地說：「爸爸，給我一次機會，我這次一定會一遍讀好的。」於是我便又給了女兒一次機會，但是我知道，下面還有女兒會讀錯的字，女兒還是一樣會從頭再來的。果然不出我所料，一會兒就打住了，她不好意思地低著頭，跟我說，「那要上什麼自然課呢？」於是我便和女兒講了這個故事：

一個小男孩在一片小竹林裡捕蜻蜓，費了好長時間，終於捕到了一隻，遺憾的是，這隻蜻蜓的翅膀被折斷了。

小男孩看著手中一動不動的蜻蜓，把那片斷下來的翅膀放在牠身旁。輕輕地說：「你怎麼把翅膀折斷了呢？要是你的翅膀不斷，那就好了。」

正巧這時走過來一個老者，聽到了小男孩的話，對小男孩說：「孩子，我有神奇的膠水，可以把牠的翅膀恢復原狀，甚至可以飛翔，你願意我幫牠黏上翅膀嗎？」

「當然，蜻蜓只有擁有一雙健全的翅膀，才是最美的！」小男孩說著，把手伸過去，「你幫我黏上吧！」

老者把蜻蜓拿過去，輕輕地將那片斷翼接了上去。然而，當老者把蜻蜓放入小男孩手中的那一瞬間，蜻蜓飛走了。

小男孩一下子愣住了，他這才想起，蜻蜓原來是會飛的，有著完美翅膀的蜻蜓是屬於大自然的，牠是要飛的。

老者笑瞇瞇地拍了拍小男孩的肩，說：「知道牠為什麼曾經屬於你嗎？因為牠折了翼。知道牠為什麼離開你嗎？因為牠可以飛了，就不甘心停留在你狹小的掌心裡。你不懂，牠是因為殘缺才屬於你的，因為完美而屬於自然！」

「你是讓我自然一點是嗎？」女兒不解地問。

「是的，先把它通讀一遍，第二遍你就會很順利地讀下去了，也不至於浪費這麼多的時間，以致最後還不知道後面寫的是什麼。」我示意著女兒再嘗試一遍。

女兒便通篇讀了下去，後面幾個不認識的字，我告知她以後，她便在第二遍的時候，很快、很順利地把文章讀完了。「可是很多時候，往往都不會有第二次機會的。」女兒耍著小聰明說。

「是的，很多時候機會只有一次，但是就像剛才一樣，你開始花了兩個小時都沒有把文章讀完，而剛才卻僅僅用了短短的 15 分鐘就讀完了。

相比之下，誰會更成功呢？就像考試答試卷，如果你不學會放棄難題的話，一直停留在難題那裡，而其他同學卻把難題放在一邊，留下了一兩道難題沒有做，而你卻只把難題做了，其他題沒有做，誰的分數會更高呢？學會自然地生存，該放手的時候就放手，完美是因為殘缺而完美的，完美是因為自然而完美的。」

接受殘缺才能擁抱完美

一次進女兒的臥室，發現我曾經送給女兒的生日禮物——鏡子，已經被打碎了，而且被女兒一塊塊地黏在一起，擺在床頭，我猜想女兒或許一直都以為破鏡可以重圓。於是我便問女兒：「鏡子怎麼打碎了也不扔掉？」「這是我最喜歡的鏡子，而且這是爸爸送給我的唯一的適合女孩子的禮物。」

「你黏上以後照過它嗎？」

「我還是天天都用它照呢！」女兒很自豪地說著。

「你沒有感覺照出來的自己是不完整的嗎？」

「不完整也沒有辦法，反正我覺得它是完美的。」

「佳佳，你沒有去接受殘缺，怎麼去擁抱完美呢？」

女兒不解地看著我。

約翰．庫緹斯出生在澳大利亞一個平民家庭。他出生時只有寶特瓶那麼大，脊椎以下沒有發育，雙腿像青蛙那樣細小，而且沒有肛門。經過手術，他也只能痛苦地的排便，醫生斷言他活不過當天。但是，他掙扎著活了下來。醫生再次斷言他活不過一個星期，可是一個星期以後他仍然活著。一個月後、一年後，他依然活著，一次又一次地打破了醫生的預言。如今，儘管孱弱無比，時刻面臨死亡，但他已經成為世界上最著名的勵志大師之一。

面對殘酷的人生，面對現實的生活，他從很小的時候起，就開始承受常人難以理解的磨難。

在 18 歲時，他決定將自己不能發揮作用的雙腿截肢，這樣他就成為了真正的半個人。後來，他學會了用雙手走路。他笑著說，自己看得最多的風景就是各種各樣的腿、鞋子和女孩的裙子。

儘管有人對他說，沒有人會責怪他什麼也不做，但是，他下決心成為一個自食其力的人。他認為懶惰並不是他的強項，他要發揮自己的優勢來生存。他幾乎趴在滑板上開始找工作。他大概敲開了數千家店門，儘管有的人打開門以後都沒有發現趴在滑板上的他，但他最終還是找到了工作。他終於能夠自食其力了。

儘管失去了雙腿，他仍然決心成為一個運動健將。他開始出現在室內板球俱樂部裡，並成為舉重場上的運動員。他的命運開始轉變。1994 年，他成為澳大利亞身心障礙者網球賽的冠軍，對於所有的嘲笑和侮辱，約翰．庫緹斯用傲人的成績作了回擊。

一次偶然的機會，一場大眾演講徹底改變了他的人生。他開始到講臺上去講述自己的人生經驗，講述自己的奮鬥和掙扎，提供他人啟迪。一次，他問自己的聽眾：「有多少人不喜歡自己的鞋子？」聽眾中舉起了一堆手臂。他的眼神變得銳利，語氣變得嚴肅，他舉起自己的紅色橡膠手套，說：「這就是我的鞋子，有誰願意和我換？就算我擁有全世界的財富，我也捨得和你換。現在，你們誰還抱怨自己的鞋子呢？」

30 歲時，約翰．庫緹斯再度遭受了殘酷的打擊。他罹患癌症，又一次面臨死亡的考驗。但是，他從未對生活失去信心，堅持和病魔進行頑強地抗爭。2000 年，他再一次戰勝了死神，進入癌症痊癒者的行列。如今，他已經擁有了一個美滿的家庭，擁有了太太和兒子。

「佳佳，破鏡是不能重圓的，既然破了，就去承認它，接受它。人生也跟鏡子一樣，可能會有破的時候，當它破的時候，就勇敢地廢棄它，去尋找更好的，不要對過去的完美懷有眷戀，只有這樣你才能去創造更多的完美，擁抱更多的完美。」

摘下完美的面具坦然生活

我在公園散步的時候，跟一位家長閒聊起來。當我說到我有個完美主義的女兒時，他也苦惱地說：「我感覺現在的孩子活得很累，完全沒有孩子的天性了，我的孩子也是一個完美主義者，天天上學的時候，照鏡子都得照上個半小時，看看這，看看那的。前段時間還說要我帶她去整容，我狠狠地把她臭罵了一頓，後來就天天悶悶不樂的，你說一個十來歲的小女孩，為什麼就不率真點，天天戴著面具生活，什麼都想追求十全十美。可是現在孩子似乎也不聽我的話了，有時候真拿她沒有辦法。」

「是的，現在是一個網路資訊充斥的年代，各種資訊對孩子的心理健康都造成了很大的影響，孩子很難做到率真了。」

「你用什麼方法引導你女兒的呢？」那位父親關切地追問著。

「我常常和孩子講這樣一個故事。」

珍妮是位女教師，她對自己的面容感到很不滿意，看自己的哪裡都不順眼，因此她決定去整容。

醫師仔細地望著她，認為她長得並不難看，問題在於她看輕自己。醫師還是動手稍微改善了一下她的五官，但只是動了一些小手術，比她所要求的要少很多。

珍妮很不高興，她一邊打量著鏡中的自己，一邊埋怨道：「你並沒有對我的臉做太大的改變。」

醫師說：「你的臉本來就只需稍作改變，唯一的問題是你使用臉的方式錯了，你把它當做是一個面具，用來遮掩你的真實感覺。」

珍妮傷心地低下頭說：「我已盡最大的努力了。」

醫師理解地看著她，珍妮沉默片刻，然後袒露了心聲：每一天她到學校去時，都必須「戴著面具」，表現出最好的一面，把所有的感情全部隱藏起來，只留下她認為是「正確」的一部分。三年的教學生活，孩子們總是嘲笑她。

醫師說：「孩子們嘲笑你，是因為他們已看出你一直在演戲。身為一名教師，並不是一定非要表現得十全十美，偶爾也可以表現得愚蠢一點，學生們仍然會尊重你的。拿掉你的面具吧，你會更喜歡你自己的。」

離開診所後，珍妮的心情好多了。幾個月後，她再也不擔心她的面容了，也不再焦慮了。

「其實這個故事也在告訴我們，完美的性格只需要稍加優化，我們也不能完全否定了孩子完美型的性格。我們只需要讓孩子能夠坦然地接受生活的殘缺，用心靈的美去完善美。」

接受自己的短處才能完美

英國首相邱吉爾（Winston Churchill）曾這樣說過完美：「完美主義等於癱瘓」。因為完美型性格的人往往看不到自己的短處，常常迴避自己的短處，所以便無法完美，最後病態至癱：

我的孩子特別聰明，一次看了我剪紙以後，就學會了，但是孩子卻過於追求完美，也不肯向我求教，其實他採用的剪紙方法中有一點錯誤。剪出來的圖形總是會有一點點白邊，他就不斷地修改，這就跟畫蛇添足一樣，最後把剪出來的成功也給毀了，於是他哭著鬧著向我要材料，但是卻從來也沒有剪出過真正的成品來。我跟他說，剪紙要注意方法，教了他好幾次他都不肯接受，總以為自己的是正確的，是最完美的。其實不止是剪紙，平時的生活也是這樣，為此我感到很迷惘，不知道該如何去引導孩子。

如果你的孩子也是這樣一個完美主義者，不妨和他講這樣一個故事：

從前，八哥的鳴叫聲嘶啞難聽，與烏鴉和貓頭鷹的叫聲差不多。

誰聽了都厭惡地搖頭 —— 咒罵他：「不祥的鳥兒，快點走開！」

自從他得到了一支萬能的金笛子，一下子就變成了一隻嘴最巧的鳥，唱起歌來美妙動聽，人人稱頌。

八哥是怎樣得到萬能的金笛子的？原來，有一天百鳥正在山林中聚會，從天上飄下一支金笛子落在他們當中。

這支金笛子能發出最美的聲音，奏出的樂曲格外悠揚、動聽，而且這金笛子能巧妙地模仿人的語言，當然更能模仿各種鳥兒美妙的啼鳴。

這支金笛子應該交給誰來使用呢？鳥兒們開了個會議認真地討論，誰的鳴叫聲最難聽、最不受歡迎，就把金笛子交給誰，以彌補其命運的不幸。

鳥兒們決定以民主方式，由大家來推薦，再加上自己的申請。

於是大家就開始評議了，推薦出的對象是：烏鴉、八哥和貓頭鷹。

烏鴉頭一個提出了抗議：「你們的評議太不公平！誰敢說我的叫聲不受歡迎！我看吶，我的嗓子比你們全都悠揚動聽！」烏鴉陶醉著。當他發現別人對他的話不以為然時，他勃然大怒：「你們這是對我最大的汙蔑，我要向鳥王的法庭提出訴訟！我聲明我堅決不要這支金笛子，我看吶，還是把金笛子送給八哥或貓頭鷹吧！」

貓頭鷹也憤怒地高聲大喊：「難道說我就是好欺負的？我的叫聲比你們誰的也不差，雖說賽不過金鈴吧，也能賽過銀鈴！誰敢說我的叫聲不受歡迎？我看吶，人們都對我十二分地尊敬！我也聲明堅決不要這支金笛子，我提議還是把金笛子送給八哥使用吧！」

就剩八哥沒表態了，這時八哥點了點頭連聲說：「我的短處我自己知道得最清楚 —— 我的嗓子嘶啞，叫聲很不好聽，到處都惹人討厭，不受人歡迎……就請把這支金笛子交給我吧，我感謝大家對我的一片盛情！」

於是，這場評議就這樣結束了，萬能的金笛子到了八哥的手中。從此，八哥就變成了一隻嘴最巧的鳥兒，到處受人歡迎，到處被人稱頌！

烏鴉和貓頭鷹拒絕把自己的短處換成長處，所以至今仍讓人厭惡不已。

不要迴避自己的缺點，每一種完美都是從缺點的不斷修補中成就的。接受自己的短處，是成就完美的開始。

給家長的悄悄話

用了這麼多的篇幅來說明過於完美的缺陷，或許你現在都會感覺完美型性格的可怕了，如果真的是這樣的話，那就是我的罪過了，所以還是在這裡提供這樣一個故事：

一個完美主義的教授，他對自己學生的要求也很嚴格，一些平時大家認為無關緊要的事情，教授都要求學生嚴格按規程和標準來做。對此，學生們很不理解。

一次，教授指導學生做一個重要的實驗。做實驗時需要找一塊木板把一個儀器墊高幾公分，於是教授便請學生們去找木板。木板找回來了，高度正好，只是長了一截。教授請學生們把木板鋸短，一個學生說：「反正高度正好，長一點不影響實驗。」教授看了這個學生一眼，沒有說話，他看著學生把儀器墊好。

實驗做到一半，教授請一個學生趕快去拿一份資料，用來核對資料。看著教授很著急的樣子，學生急忙起身去找。由於太匆忙，那個學生沒有注意那塊長了一截的木板，正好撞在了上面。桌子上的儀器倒了，實驗被迫中止。大家不僅白忙了半天，儀器也損壞了，需要修理。

教授看著闖了禍的學生，依然沒有說話，學生則慚愧地低下了頭。

從那以後，學生們變得嚴謹起來了。

這就是完美型性格的優點，不僅僅是對於這種性格，乃至整本書所提到的性格特點，都是一分為二的。我們還是強調，優化性格是取其精華，去其糟粕，將孩子的性格優化至最佳狀態，那麼對於過於追求完美的孩子，應該如何在日常生活中做好引導呢？

- **適當地放寬評價自己的標準**：完美型性格的孩子有時候對自己的要求會過於嚴格，不論做什麼事都力求完美，所以常常會對自己感到不滿意。這樣也很容易產生自卑的性格，對身心都是很不利的，所以要讓孩子學會自我認同，學會肯定自己。
- **遇事要盡快做出反應，不要錯失良機**：完美型的孩子因為力求完美，所以常常需要深思熟慮，進而猶豫不決，很容易就錯失良機。所以遇到事情後，應該告知孩子要馬上做出反應，但不要盲目地將事情展開，這樣才會緊抓稍縱即逝的機會，從而取得成功。
- **對人、對事要多一點寬容**：完美型性格的孩子往往過於苛刻，對別人和對自己一樣各方各面都要求非常優秀，這樣很容易得罪別人，所以應告訴孩子在與別人交往時，要注意別人的長處，取其所長，補己所短，對別人多一點寬容之心，不要苛求所有事都有一個完美的結局，這樣才能有良好的人際關係，做起事來也比較順心。

- **不要輕易相信捕風捉影的資訊**：完美型性格的孩子很容易就會輕信別人所說的，哪怕是道聽塗說的事情。所以應告訴孩子無論如何都要先思考一下，然後再做出自己的選擇，這樣既不會被人所欺騙，也不會因為流言蜚語而動搖。

親子加油站

完美主義如今已經成為一種流行病，美國的心理學雙月刊《今日心理學》（*Psychology Today*）上這樣說：誠然，加快的社會節奏讓人更加精益求精，但過度的完美主義卻會弄巧成拙，讓人焦慮沮喪而又難登成功之巔。那麼，這種完美型的性格是怎樣形成的呢？

1. 瞬息萬變的時代困擾著家長們，這迫使家長們給子女的成功施加了更大的壓力，透過口頭語言、嘆氣、沉默和皺眉等方式塑造出具有完美主義性格的後代。所以家長們應該注意自己平時的一言一行。
2. 多變世界的靈活性容易讓孩子對不確定的事物產生焦慮，進而孩子便想在多變的世界中追求完美。所以家長們應該對孩子的言行多加注意，當孩子感到焦慮時，做好引導。

第十三章

個性太強易受傷

說起「竹林七賢」，我們會想起他們都是像阮籍、嵇康一樣個性十足、離經叛道的人，但其中卻也有識時務者。

有一次，「竹林七賢」之一的劉伶喝醉了，和一個人發生了口角，那人捲起袖子、掄起拳頭就衝過來要打劉伶。劉伶趕緊說：「像我這樣雞肋一樣瘦的身材，怎麼能抵擋得住老兄你的拳頭呢？」那人聽後非常得意，便收起了拳頭。

或許我們都欣賞「竹林七賢」率真的性情和顯露無遺的行事方式，但是或許會更欣賞像劉伶一樣於放達之中的識時務者——當個好漢不吃眼前虧。其實誰不想讓我們的孩子做好漢不吃虧呢？只是有些孩子的性格過於叛逆，很難忍讓一時，難道對於叛逆的孩子真的無計可施了嗎？肯定不會，只要你想去優化。

想成俊傑先識時務

「竹林七賢」中的嵇康，可以說是一個個性極強的人。他不喜歡為官，平時以打鐵為樂，司馬昭曾想招他為自己的部下，卻被嵇康拒絕，校尉鍾會想跟他結交，嵇康卻置之不理……可正是因為他個性太強，招致了過多的怨言，所以最後在嵇康遭人陷害入獄時，鍾會便勸司馬昭乘機把他殺掉。在臨行前，嵇康神色不變，撫著琴彈奏著《廣陵散》而結束了他短暫的生命。其實當時嵇康可以免於一死的，但是就是因為他性格過於剛烈，太過於叛逆，而最終難逃一死。個性叛逆雖然給了嵇康萬代的英名，卻也結束了他短暫的生命。所以孩子的性格過於叛逆時，應該懂得去引導，去優化，讓孩子做一個懂得取捨，識時務的人，這樣才能成為「俊傑」。

「我兒子很聰明，很懂事，朋友都很羨慕我，但是他們卻不知道我孩子常常耍小聰明，很叛逆，很難合群，常常得罪其他小朋友，得罪老師，好幾次都當場頂撞老師。孩子有時候也很不識時務，說老師不懂得如何教學生，都是一些講了千萬遍的教學方法，最後幼兒園只好讓我把孩子帶回家，現在都換了兩家幼兒園了，可是孩子叛逆的性格還是沒有改變，真的沒有辦法改變孩子叛逆的性格了嗎？」

這是我從做身心科醫師的朋友那裡聽到的一個案例，我對朋友說，其實這樣叛逆的孩子很多，便問朋友針對這樣的孩子應該怎麼去引導呢？朋友便提出了以下幾點意見：

第一，改變我們的教育方式，要順應孩子的心理和生理的成長，不能採取孩子年齡小時那種教育方式，凡事都包辦、監護，支配孩子應該這樣做、那樣做，而要創造民主的家庭氛圍，叛逆性格的形成基本上是由於孩子壓抑過長時間爆發出來的。

第二，尊重孩子的獨立性，給其自主權、隱私權，與孩子說話應平等協商，不可用命令、訓斥的口氣。當孩子擁有話語權的時候，就不會把所有的心事都壓在心裡了。

第三，要多和孩子談心，了解孩子的內心世界，做孩子的知心朋友。

第四，孩子的情緒失控時，不要「以牙還牙」「針鋒相對」，而應該避開孩子的情緒失控期，等其安靜下來，再和孩子談心，客觀評價之前發生的事，說出父母做得不對的地方，孩子做得不對的地方。

為此，朋友還和我列舉了 19 種孩子叛逆的表現，並為各種表現開出了不同的「藥方」：

1. 頂嘴

案例：4 歲的兒子能說會道，你說一句，他頂你十句，而且振振有辭。

比如玩具不收好就去看電視，我說：「不收好不能看電視。」他就說：「我有權決定什麼時候收拾玩具。」我氣得關掉電視不讓他看，他就叫起來：「你不能干涉我的自由。」

藥方：在孩子回答「我有權決定什麼時候收拾玩具」後，父母可以不再言語。事後與孩子討論：父母希望他立即收拾玩具，他是否應該接受？他希望什麼時候收拾玩具，父母是否也可以接受？

2. 責罵就摔門

案例：每次責罵女兒時，她都會在你面前「砰」地把門重重關上。

藥方：成人之間互相關愛，互相理解，多做正向溝通。孩子將很快學會並回饋給你，令你欣喜萬分。

3. 耍脾氣

案例:兒子玩起手機遊戲沒完沒了，我說:「玩太久了，眼睛會近視。」他頭也不回地說：「你真煩，煩死了。」如果你和他討論這個問題，就會陷入糾纏不清的討價還價之中，弄得我頭都大了。

藥方：玩手機時間長了影響眼睛視力，是孩子已經知道並聽你多次嘮叨的，因此孩子會表現出不耐煩。正確的做法是與孩子約定玩手機的時間，並用鬧鐘或計時器予以控制。必要時，父母可以輕拍孩子的身體給予提醒。平時，要特別誇大地表揚他如何有自制力，予以強化。

4. 反駁有理

案例：女兒聰明伶俐，為達到自己的目的，會以各種理由說服我們，如「為什麼不？」「為什麼要那樣？我們可以……」比如去外婆家前，我叫她快穿好衣服，她立刻「回敬」:「為什麼要快？外婆家又不會不見。」「你不是總叫我做事要仔細、耐心嗎？」「外婆也總說慢慢來，不要心太急。」……等等的，我覺得很難應付她。

藥方：減少籠統的大道理說教，注意具體事情具體要求。本例中，如孩子說「外婆家跑不了」，你的回答則可以是「但外婆會著急」。針對「你不是總叫我做事要仔細、耐心嗎」，不可回答「特殊情況例外」，否則，孩子下次又會用這句話為自己找理由。父母可以用日常生活中孩子經歷過的事例，以故事的形式，具體指導孩子的行為，逐步使孩子形成正確的思維習慣。

5. 不理你

案例：說好午睡起來去公園，可是午睡時間到了，兒子還在玩，我們一遍遍催促他：「寶貝乖，趕緊上床，要不然來不及去公園了。」可是他就像聾子似的，毫無反應。

藥方：日常生活是有作息時間的。父母需要制訂規矩和運用策略。如給孩子有限選擇：要麼睡午覺，可以去公園；要麼繼續玩，不去公園，視孩子的遊戲內容而定。如他正在搭捷運，就說「晚上到了，旅客和司機都要睡覺了。下一站是大安森林公園，大家睡好了有精神玩」等。如果孩子的遊戲內容難以暫時告一段落，則應允許其完成（不可隨意打斷孩子的遊戲或活動，因為培養孩子的注意力也很重要）。

6. 化妝品刷牆

案例：3 歲的兒子太調皮了，一下沒看著，他就把我的化妝品、牙膏擠到牆上「刷牆」，把慕斯噴滿房間，說是「下大雪了」。

藥方：孩子的行為提示：他對科普感興趣。請和他一起把廚房變成實驗室，帶他做油、鹽、醬、醋、糖「攪和」的實驗。或為他提供各種顏料，讓他混合，觀察變化，並提供豐富的科普讀物。最好從此你對科普產生濃厚的興趣。

7. 用蟲子嚇小表姐

案例：兒子知道小表姐特別怕蟲子，他就會抓隻螞蚱甚至蟑螂放到小表姐的頭上，弄得小表姐尖聲哭叫。

藥方：常帶孩子看幽默漫畫，和孩子講幽默故事，同時關照孩子使人生氣、害怕的行為「不可以」。平時，在管教孩子的過程中，也可運用幽默的技巧。如孩子想去游泳不成而大哭，父母可以說：「有個人哭呀哭，哭出兩缸眼淚水，結果就在淚水裡游泳了。」孩子會覺得很滑稽而破涕為笑。

8. 不斷要新玩具

案例：下班回家，兒子的第一句話就問：「幫我買玩具了嗎？」他爸爸出差，從外地打來電話，他搶過電話就叫：「幫我買玩具！」弄得家裡玩具成堆，可是兒子還是不斷地說要買。

藥方：多提供結構性玩具，讓他能拼拼拆拆。引導孩子舊玩具新玩法或把廢棄物當玩具，他也會興致勃勃的。如把廣告紙揉成球當足球踢，孩子一定大為開心。

9. 故意做壞事，還做鬼臉

案例：吃飯前讓 4 歲的女兒擺放全家人的筷子，她卻故意將筷子丟到地上，我罵她，她還自得其樂地向你做鬼臉。

藥方：對她的鬼臉不予理睬，平靜而堅決地要求她把筷子撿起來。若孩子堅決不撿，也不要堅持，自己處理好，就當沒發生過這一幕。因為即使 2 歲的孩子也會產生內疚感。事後溝通，讓她知道，生氣時可以打枕頭（不會打壞）；如果想要大家注意你，可以用語言表達，如：「我覺得沒人理睬我！」平時不要忽略孩子被注意的需要。

10. 纏人撒嬌

案例：女兒常提出種種繁瑣的要求並誇張地訴苦。比如說好上街要自己走，可是到時她又哭哭啼啼地說：「我腳痛，要背背」；睡前故事講完該熄燈了，她又嚷嚷著叫我過去，一下說怕黑，一下想喝水，一下又哭叫：「要媽媽陪呀……」

藥方：媽媽要注意主動親近孩子，而不是在孩子黏你的時候才予以滿足。如果必須由孩子黏你，你才注意她，那麼，她就學會黏你了。每天約定一個特定時間，讓孩子知道這個時間媽媽屬於她。如果孩子總是處於不知媽媽什麼時候會陪伴她的焦慮狀態中，媽媽一旦被她「逮住」，她自然就不肯放手。

11. 上幼兒園哭

案例：週一早晨上幼兒園，孩子總要哭鬧一番。

藥方：和老師溝通，孩子是否喜歡幼兒園，老師有著關鍵的作用。若是孩子自身的問題，在家要逐步培養其獨立性，比如孩子在家吃飯要餵，那麼，孩子會因「吃飯」的挫折感而不想上幼兒園。改變就要從家裡做起。

12. 乖孩子換了一個人

案例：5 歲的兒子越來越懂事了，常安靜地自己玩或畫畫、看書，可欣慰之時，發現他又突然不聽話了，嘟嘟嚷嚷地纏人，動不動就蹬掉鞋子跺腳，彷彿退回到 2 歲。我十分納悶，那個「大孩子」哪去了？

藥方：如果家裡沒有重大的事故發生（親人病、亡，父母吵架、離異等），就要和孩子或老師細談，有些事情大人不經意，孩子卻很在意。

13. 情緒戲劇化

案例：女兒情緒非常戲劇化，剛見到小朋友時會歡呼著衝過去，但轉眼又哭著來找我，一會兒說找不到想要的玩具，一會兒又哭著來告狀。

藥方：父母務必情緒穩定，視變不變，視亂不亂。處理事情態度溫和但堅定，以健康、穩定的人格去潛移默化影響孩子並幫助孩子學習控制情緒，同時要準備打持久戰。孩子的可塑性很強，隨著年齡的增大和良好的教育，其情緒穩定性將逐步提升。

14. 當眾大哭大鬧

案例：在超市排隊付帳時，女兒看到架子上的巧克力，吵著要吃，我不理會，她就大聲哭叫「我要吃……」，我感到自己被眾人的目光所淹沒。

藥方：傾聽孩子並適當滿足她。超市不是天天去的場所，帶孩子去一趟，給她買一塊巧克力也不算溺愛，比如可以告訴孩子只能選一件 100 元以內的商品，讓孩子學習選擇同時可以控制預算在 100 元以內。若不能滿足她，就不要帶她去超市。面對超市琳瑯滿目的誘惑，孩子若什麼都不要，也並非正常現象。

15. 要玩，不肯回家

案例：每次帶兒子去遊樂場，他都哭著賴著不肯回家，弄得我們筋疲力盡。

藥方：讓孩子盡興地玩。平時給孩子更多的戶外運動機會，使其充沛的精力得到釋放；提前告訴他離開的時間（如再過 10 分鐘回家），給孩子一個心理準備往往會取得孩子較好的合作。平時，父母要強調並做到「說話算數」，還要誇大地表揚孩子如何遵守約定。

16. 要吃冰鎮飲料

案例：兒子喜歡吃冰棒等冷飲。我們怕他吃壞肚子和吃太胖，不允許他多吃，但他總是不聽。

藥方：從一開始就告知「一天只能吃一支冰棒可以，不能超過兩支」，孩子多會乖乖接受。如果已經錯過了「一開始」，可以採用講故事的方法，讓孩子了解冷飲吃多了拉肚子的道理。重要的是，故事宜在平時講，而不是孩子已經開始吵鬧時才臨時抱佛腳。

17. 一再挫折激發怒氣

案例：2 歲的兒子爬上桌子，好不容易拿下了牆上的地圖拼圖，就被奶奶搶過去收了起來。他剛想哭，看見牆上還有溫度計，轉身去拿，結果又被奶奶拿走了。於是他大發脾氣。

藥方：制止孩子玩地圖拼圖是奶奶的錯，因為拼圖是孩子的玩具；孩子拿下溫度計，奶奶也應採用講道理、交換的方式。如允許他玩拼圖或允許他坐在大床中間玩溫度計（以安全為優先原則），既滿足了孩子的探索欲，又不會摔壞溫度計。若奶奶可以教給孩子有關溫度的常識，引發孩子對溫度現象的興趣。

18. 霸道的孩子

案例：在兒子眼裡，玩具永遠是別人的好。看到鄰居家孩子玩什麼，他立刻追過去搶著要玩；別人騎木馬，他可能會把別人拉下來，自己騎上去。

藥方：態度堅決、口氣平和地制止孩子搶奪行為，但不能訓斥打罵（不能以暴力對待其半暴力行為）。孩子哭，就讓他哭一會兒，事後再就事論事給孩子講道理。請父母多給孩子溫暖的關懷與理智之愛，這種氛圍會讓他不輕易動武，且不可事事以他為中心。

19. 罰站逃走

案例：我制止兒子用石子扔小貓，並說：「你想罰站嗎？」他仍舊在扔石子。我把他拉到牆角罰站，讓他站好，但一鬆手，他就跑了。

藥方：引導孩子扔合適的對象，如向小河裡扔石子或將報紙揉成球，投擲樹幹。透過故事教育孩子與小動物友好相處以及攻擊動物的危險。

如果你的孩子性格過於叛逆，不妨按照上述情況對症下藥，讓孩子學會「識時務者為俊傑」。

其實要想讓孩子學會識時務，主要還是應該讓孩子學會取捨。怎樣讓孩子學會取捨呢？看看小叮嚀，給孩子的心靈貼一首爽心詩。

小叮嚀

為性格叛逆導致過於偏執的孩子讀一首詩：

學會了放棄感覺真好，坦然相對
有一點酸，有一點苦，有一點疼痛
但，有更多的是輕鬆、愉快、歡樂
學會放棄，將杯子裡的東西倒乾淨
學會放棄，一個空杯子很輕鬆愉快
學會放棄，空杯子可以裝下新東西
學會放棄，輕鬆上陣接納新鮮事物
學會放棄，擁抱朝陽迎接美好的明天

從「學會低頭」說起

「人在屋簷下，不得不低頭。」但是過於個性叛逆的孩子，也許會不知天高地厚地說「管你屋簷屋頂的，我就要昂首挺胸走路」。其實我們可以發現，很多個性強、叛逆的孩子都有點小聰明。其實這就是性格叛逆的孩子的優點，如果這個優點能發揮到極致，孩子的人生路，必然會好走一些，但是如果叛逆的孩子沒有學會低頭的話，或許他們還未開始走路，就已經遍體鱗傷了。看看這個孩子吧：

我女兒姍姍今年 7 歲了，性格有些叛逆，行事本來就不夠謹慎認真，所以常常犯下錯誤，但是卻死愛面子，從來都不肯低頭認錯。一次，她跟鄰居家的雯雯因為一件小事而大打出手。事後，我發現是女兒先欺負了雯雯，於是叫她向雯雯道歉，可是她卻無論如何也不肯去。還跟我鬥起嘴來，對她使用過很多方法，但還是不見效。

像姍姍這樣的女孩，我們見得多了，我們該如何去引導他們呢？不妨和孩子講這樣的故事：

有人問古希臘哲學家蘇格拉底（Socrates）:「你是天下最有學問的人，那麼你說天與地之間的高度是多少？」

蘇格拉底毫不遲疑地回答:「三尺。」

那人笑了:「先生，除了嬰兒之外，我們每個人都有五六尺高，如果天與地之間只有三尺，那不是把蒼穹都戳破了？」

蘇格拉底也笑了:「是啊，凡是高度超過三尺的人，如果想立於天地之間，就要懂得低下頭來。」

每個孩子都想成為頂天立地的人，但是要想成為頂天立地的人，就得先學會低頭。

個性太強的孩子最容易犯的通病就是心高氣盛，恃才傲物，以為自己是鴻鵠，別人都是燕雀，眼睛總是高高向上，根本不把周圍的一切放在眼裡。直到有一天被眼前的門框撞了頭，才發現門框比自己想像的要矮得多。

要想進入一扇門，就必須讓自己的頭比門框更矮，要想登上成功的頂峰，就必須低下頭彎起腰做好攀登的準備。

那些登上頂峰的成功者們，不論是在舞臺上發表演說還是出訪他國，總是微微低著頭俯視腳下的人群，因為他們站在高處，而他們腳下成千上萬的人們，總是高高抬起頭向上仰視著臺上的成功者，因為他們站在低處。

只有站在低處的人，才總是高高抬著頭，因為他腳下什麼都沒有，他只能往上看。

所以望子成龍，就應該讓孩子從身邊的小事開始，從學會低頭做起。

備選故事任你挑

送給個性太強、性格叛逆的孩子的話：天外有天，人外有人，學會放手，識時務者為俊傑。你改變不了事實，你可以改變心態；你改變不了環境，你可以改變自己。以銅為鏡，可以正衣冠；以古為鏡，可以知興替；以人為鏡，可以明得失。學會低頭，接受逆耳的忠言。或許你已經給孩子講過千萬遍這樣的話了，他們也許都聽不進去，這時你可以給他們講一個讓他們感興趣的故事。

懂得堅持，更要懂得轉彎

我朋友的兒子小傑是個很聽話的孩子，今年 5 歲，別看他這麼小，自己的玩具非要自己收拾，別人收拾都不行，不收拾好絕不睡覺；自己喜歡整理沙發，別人整理了他非要自己看看行不行，非得自己重新收拾才甘休；睡前刷牙、洗臉、洗屁股，不然堅決不睡。如果做不到這些，說什麼都不答應，哭著鬧著堅決要完成才甘休，哪怕已經凌晨 2 點。我朋友說，孩子養成這樣的習慣固然很好，但是他也發現了這點讓孩子變得很偏執，對於有些高難度的問題，孩子即便是屢屢受挫也不肯甘休。我朋友說去諮詢過身心科醫師，醫生說孩子這樣會導致孩子叛逆的性格。我朋友說他也不知道該怎麼去引導孩子，如果讓孩子不要偏執的話，又怕孩子會放棄。

我跟朋友說，你多和孩子講講偏執的故事，久而久之，孩子就會因為故事而有所感觸，這裡就有這樣一個故事：

有一個落魄潦倒的窮畫家，一直堅持著自己的理想，除了畫畫之外，不願從事其他的工作。

而他所畫出來的作品，一張也賣不出去，搞得三餐沒有著落。幸好街角餐廳的老闆心地很好，總是讓他賒欠每天吃飯的餐費，窮畫家也就天天到這家餐廳來用餐。

一天，窮畫家在餐廳中吃飯，突然間靈感泉湧，他不顧三七二十一，拿起桌上潔白的餐巾，用隨身攜帶的畫筆，蘸著餐桌上的醬油、番茄醬等各式調味料，當場作起畫來。

餐廳的老闆也不制止他，反倒趁著店內客人不多的時候，站在畫家身後，專心地看著他畫畫。

過了好一會兒，畫家終於完成了他的作品，他拿著餐巾左顧右盼，搖頭晃腦地欣賞著自己的傑作，深覺這是有生以來畫得最好的一幅作品。

餐廳老闆這時開口道：「嗨！你可不可以把這幅作品給我？我打算把你所積欠的飯錢一筆勾銷，就當做是買你這幅畫的費用，你看這樣好不好啊？」

窮畫家很感動，說道：「什麼？連你也看得出來我這幅畫的價值？啊！

看來，我真的是離成功不遠了。」

餐廳老闆連忙道：「不！請你不要誤會，事情是這樣子的，我有一個兒子，他也像你一樣，整天只想當一個畫家。我之所以要買這幅畫，是想把它掛起來，好時時刻刻警示我的孩子，千萬不要落到像你這樣的下場。」

我們都知道執著和堅持是成功的法則，但是如果堅持的方向錯了，還一直堅持的話，就是執迷不悟，就是一種偏執。所以我們也要告訴孩子一個這樣的故事，時刻警示著孩子的堅持與執著。

讓逆耳的忠言滋潤孩子成長

女兒常常犯錯而不懂得自我反省，也聽不進別人的建議，為此我苦惱了一段時間，因為女兒的骨子裡就有一種因為我對她的放任而形成的任性和叛逆。妻子常常埋怨說：「你看看你的無為而治，我看女兒要終身碌碌無為了。」聽著妻子苦口婆心的話，我感到問題似乎越來越嚴重。於是，連續三天和孩子講了這樣一個故事：

古時候，有一位國王，平日裡只愛聽好話，聽不進反面的意見，在他的身邊圍滿了只會阿諛奉承而不會治國的小人，直至有一天亡國了。那一群誤國之臣也一個個逃離，沒有一個人願意顧及國王，但是或許是因為命運的眷顧，國王總算僥倖地跟著一個車夫逃了出來。

車夫駕著馬車，載著國王逃到荒郊野外，國王又渴又餓，車夫趕緊取過車上的食品袋，送上清酒、肉脯和乾糧，讓國王吃喝。國王感到奇怪，車夫哪來的這些食物呢？於是他在吃飽喝足之後，便擦擦嘴問車夫：

「你是從哪裡弄來的這些東西呢？」

車夫回答說：「我事先準備好的。」

國王又問：「你為什麼會事先做好這些準備呢？」

車夫回答說：「我是專替大王您做的準備，以便在逃亡的路上好充飢、解渴呀。」

國王不高興地又問：「你知道我會有逃亡的這一天嗎？」

耿直的車夫回答說：「是的，我估計遲早會有這一天的。」

國王生氣了，不滿地說：「既然這樣，為什麼過去不早點告訴我呢？」

車夫說：「您只喜歡聽奉承的話。如果是提出建議的話，哪怕再有道理您也不愛聽。我要是給您提出建議，您一定聽不進去，說不定還會把我處死呢。要是那樣，您今天便會連一個跟隨您的人也沒有了，更不用說誰會來照顧您吃喝的了。」

國王聽到這裡，氣憤至極，漲紅著臉指著車夫大聲吼叫。

車夫見狀，知道這個昏君是無可救藥了，死到臨頭還不知悔改。於是連忙謝罪說：「國王息怒，是我說錯了。」

接下來兩人都不說話，馬車又走了一程：國王又開口問道：「你說，我到底為什麼會亡國而逃呢？」

車夫這次只好改口說：「是因為國王您太仁慈賢明了。」

國王很感興趣地接著問：「為什麼仁慈賢明的國王不能在家享受快樂，過安定的日子，卻要逃亡在外呢？」

車夫說：「除了國王您是個賢明的人外，其他所有的國王都不是好人，他們嫉妒您，才造成您逃亡在外的。」

國王聽了，心裡舒服極了，一邊坐靠在車前的橫木上，一邊美滋滋地自言自語說：「唉，難道賢明的君主就該如此受苦嗎？」他頭腦裡一片昏昏沉沉，十分疲累地枕著車夫的腿睡著了。

這時，車夫總算是徹底看清了這個昏庸無能的國王，他覺得跟隨這個人太不值得了。於是，車夫慢慢地從國王頭下抽出自己的腿，換一塊石頭讓他枕上，然後離開國王，頭也不回地走了。

最後，這位亡國之君死在了荒郊野外，被野獸吃了。

當我第三次把這個故事給女兒講完以後，女兒說：「爸爸，你不知道你已經重複講這個故事三遍了嗎？」

「我當然知道，可是你也重複三次跟國王一樣做著同樣的事。」

「我才不會像他那樣愚笨，一味地聽奉承話，聽不進別人批評和建議，而且又執迷不悟，一意孤行呢。他是死有餘辜，我才不會做這樣的人呢。」其實當女兒說出這樣的話的時候，我便把擔心放下了。因為女兒已經把這個故事真正地聽懂了。

改變世界不如改變自己

我收到過一封三年級的學生寫給我的信，信裡說：「我不喜歡上學，不喜歡學校，不喜歡上課的老師，不喜歡身邊的同學，甚至有時候不喜歡這個世界，我想改變他們。因為我知道學校裡有時候很虛偽，老師也很勢利，同學們很冷漠。我想要一個屬於自己溫暖的、美好的世界，但是我卻得不到。我該怎麼辦呢？」

其實像這樣的孩子有很多，孩子與周圍的環境格格不入，過於反叛，不容於世。我還是一樣和孩子說了一個故事：

在很久很久以前，人類還赤著腳走路。

有一位國王到某個偏遠的鄉間旅行，因為路面崎嶇不平，有很多碎石頭，刺得他的腳又痛又麻。回到王官後，他下了一道命令，要將全國的所有道路都鋪上一層牛皮。他認為這樣做，不只是為自己，還可造福他的百姓，讓大家走路時都能不再受刺痛之苦。

但即使殺盡全國所有的牛，也籌措不到足夠的皮革，而所花費的金錢、動用的人力，更是無法計算。雖然根本做不到，甚至還相當愚蠢，但因為是國王的命令，大家也只能搖頭嘆息。

一位聰明的僕人大膽地向國王提出諫言：「國王啊！為什麼您要勞師動眾，犧牲那麼多頭牛，花費那麼多金錢呢？您何不只用兩小片牛皮包住您的腳呢？」國王聽了很驚訝，但也馬上領悟，於是立刻收回成命，採納了這個建議。據說，這就是皮鞋的由來。

想改變世界，很難；而改變自己，卻只需要「將自己的腳包起來」這麼簡單，為什麼不先改變自己呢？當你改變了自己，你眼中的世界就會隨著你自己而發生改變。

欲窮千里目，讓心更上一層樓

女兒每次考試成績出來以後都拿著試卷埋怨道：「為什麼我們班長的分數總比我高一兩分，為什麼每次都是她第一，我第二，我感覺肯定是老師改考卷的時候偏心了。」

「你看過你們班長的考卷嗎？」女兒搖了搖頭。「沒有看過班長的考卷，你怎麼知道老師偏心呢？」

「反倒是我考得比她好的時候，她會來向我借考卷，然後看看老師是否偏心了。」

「佳佳，你知道嗎？你的想法觀念很可怕，你知道班長拿你的考卷來做什麼嗎？」

女兒搖搖頭，我也沒有正面回答她的問題，就和她講了一個故事：

19 世紀的法國著名畫家貝羅尼有一次到瑞士去度假，但是他每天仍然背著畫架到各地去寫生。

有一天，他在日內瓦湖邊正用心畫畫，旁邊來了三位英國女遊客，那三位女遊客看了他的畫，便在一旁指手畫腳地批評起來，一個說這裡不好，一個說那裡不對，貝羅尼都一一修改過來，最後還跟她們說了聲「謝謝」。

第二天，貝羅尼有事要到另一個地方去，在車站看到昨天那三位女遊客正在交頭接耳不知在討論著什麼。過了一會兒，那三個英國女遊客看到了他，便朝著他走了過來，問：「先生，我們聽說大畫家貝羅尼正在這裡度假，所以特地來拜訪他，請問你知不知道他現在在什麼地方？」

貝羅尼朝她們微微一彎腰，回答說：「不敢當，我就是貝羅尼。」

三位英國女遊客大吃一驚，想起昨天的不禮貌，一個個紅著臉跑了。

「你是說我們班長拿我的考卷，是去看看為什麼我做得這麼好，希望自己能精益求精。」女兒頓悟道。

「是的，欲窮千里目，就得更上一層樓，你想超過你們班長很簡單，你就要去尋找她的優點來互補自己的缺點，你們班長也正是因為這樣，所以每次都能比你多考一兩分，這並不是老師偏心。」

給家長的悄悄話

看到過這樣一位有心的母親在網路上這樣總結道：「我的女兒 5 歲，在幼兒園上大班。她的個性太強，主要表現在如下幾個方面：第一，只願意接受表揚，不願意接受批評；第二，接觸新知識或新事物時，總想一下就學會或做好，並經常為此急哭，但一旦冷靜下來就會學得特別快;第三，在遊戲和學習中，只能比人強，否則就生氣、哭鬧；第四，愛表現，總想引起老師的注意，受到關心就學得很認真，受到忽視就沒興趣了，還說老師不喜歡她。」這位母親能總結出女兒的不足，卻找不到引導的方法。

我閱讀了專家們給她的留言，如果你的孩子也像這位母親所說的一樣，不妨認真看一看：

首先，必須得有足夠的耐心去面對，當孩子失敗時，要及時鼓勵，讓她知道做不好是因為她年齡小，能力有限所致，只要堅持就會成功的。

其次，多給孩子一些關照，可以跟老師溝通一下，盡量不要對孩子忽冷忽熱的。

再次，不要採取和他人比較的方式來激勵孩子，要讓孩子自己和自己比較，每天進步一點點即可。

最後，引導孩子接受別人的批評，因為別人的批評是對自己缺點的指出，可以幫助自己走向成功。另外，不但要接受而且應該感謝，因為只有不斷改掉自己的缺點才能進步。

讀到這裡，或許很多家長都在問，到底怎樣優化孩子個性太強、愛叛逆的性格呢？可以從下面 6 點來考慮。

- **讓孩子學會從實際出發**：性格叛逆的孩子往往會與時代脫節，背離時代，因此很容易成為時代的棄兒，很難取得成功。所以應該多讓孩子接觸社會，接觸時代，從實際出發來看問題，想問題，做一個識時務的人。
- **堅持，但不要偏執**：性格叛逆的孩子往往是一個胸懷大志的人，富有生命的熱情，但是他們喜歡表現得與眾不同，再加上他們大多數心直口快，不願意容忍一些事情。所以很容易變得偏執，做事往往會堅持到底，不管是對是錯，都會堅持。這樣就會導致孩子走向執迷不悟。平時可以多和孩子講一些關於執迷不悟的故事，提升孩子的，認知能力，讓孩子學會自我反省。
- **遇事切莫衝動**：性格叛逆的孩子有一個致命的缺點，就是遇事容易衝動和失去理智。所以在平時應該多注意在這方面對孩子進行引導，要求孩子做事不急不躁，神閒氣定地解決遇到的問題。

- **坦然地面對所處的環境，善於適應環境的變遷**：我們現在所處的環境變換很快，性格叛逆的孩子很容易落伍，進而會變得越來越叛逆，所謂的個性也會流失。這樣就會導致孩子的心理健康出問題。
- **讓孩子主動參與社交活動**：性格叛逆的孩子社交活動相對會較少，這樣就會與社會產生隔閡。所以不妨引導孩子多參加一些社交活動，讓孩子融入社會，使自己和他人的關係變得融洽起來。
- **培養孩子的幽默感**：幽默感可以成為孩子社交的重要手段，因為性格叛逆的孩子缺乏社交經驗，所以幽默便是他們打開與人交往的鑰匙，這樣可以拉近孩子間的距離。

親子加油站

個性叛逆的性格有哪些利弊

利

1. 思想激進，有前瞻性；
2. 勇於奮鬥，不輕言失敗；
3. 勇於挑戰命運，勇於冒險；
4. 不怕權威，不怕遭人非議；
5. 不因循守舊，勇於打破常規；
6. 勇於標新立異。

弊

1. 不識時務，容易失敗；
2. 有時候顯得有些偏執：
3. 行事不夠謹慎認真；
4. 缺乏足夠的理智；

5. 與周圍的環境格格不入；
6. 容易陷入孤獨的境地；
7. 社交能力較差；
8. 過於個性、反叛，不容於世。

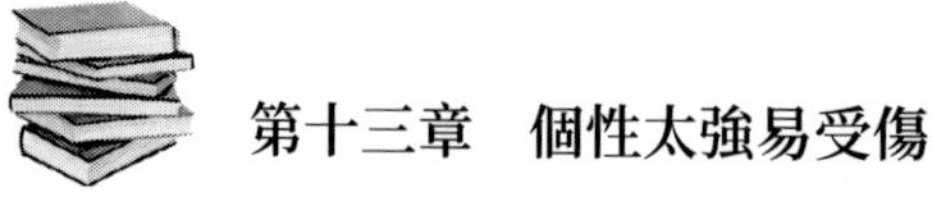

第十三章　個性太強易受傷

第十四章
手捧豁達寬容的美麗之花

學會寬容，學會豁達，只有讓風雨交織在一起，才能看到美麗的彩虹；只有讓愛恨纏繞在一起，才懂得真情的可貴；只有讓讚美和批評留在心底，才能塑造出完美的自己，保持自己良好的素質。

寬容的財富，可以陪伴孩子一生的取之不盡、用之不竭的財富，讓孩子成為高山雪蓮豁達寬容的守護神，孩子便可以得到雪蓮一生的庇護。

豁達寬容如高山雪蓮

「讓孩子成為護花使者？」

「是的。」

「誰是高山雪蓮呢？豁達、寬容？」

「看看這個故事吧。」

盛唐時期，有位老禪師，一天晚上他在禪院裡散步，突然看見牆角邊有一張椅子，他一看便知是徒弟違反寺規翻牆出去玩了。老禪師也不聲張，走到牆邊，移開椅子，就地坐下。不一會兒，果真有一個小和尚翻牆而入，黑暗中他踩著老禪師的肩膀跳進了院子。

當他的雙腳著地時，才發覺剛才踏的不是椅子，而是自己的師傅。小和尚頓時驚慌失措。但出乎小和尚意料的是，師傅並沒有厲聲責備他，只是以平靜的語調說：「夜深天涼，快去多穿一件衣服吧。」從此以後小和尚就再也沒有未經師傅同意私自下山了，並且靜下心來苦修佛法，最後成為了一代宗師，繼承了師傅的衣缽。

這個故事告訴我們什麼呢？讓孩子學會寬容，我們必須先成為高山雪蓮，只要我們成了高山雪蓮，我們豁達、寬容的芳香就會慢慢地薰陶孩子的心扉，打開孩子的心結，讓孩子在豁達寬容的浸染下漸漸修得一顆豁達寬容的心。

那麼，我們該怎麼培養孩子豁達寬容的性格呢？

記得美國南部法律中心負責人珍妮佛．荷納德曾經提出過形成孩子豁達寬容心的十個步驟，如果你還沒有按照這樣的步驟進行的話，不妨試一試。

- **探討寬容**：寬容教育是一個漸進的過程，它不可能在短時間內一蹴而就，需要日復一日地探討人與人之間的客觀差異以及人與人之間相互理解的重要性。敞開心扉與孩子們暢談各種各樣的社會問題，讓孩子們明白生活中沒有什麼話題是禁忌的，都可以公開討論。
- **恰當糾正兒童所接觸到的偏激行為**：適時指出電影、電視節目、電腦遊戲及其他媒體塑造的特定不良人物或者傳達的錯誤資訊；理直氣壯地處理來自親朋好友的偏見，千萬不要錯失良機。
- **恰當對待來自孩子之間的偏激行為**：當孩子思想偏激或者崇拜個別反面人物時，可以引導一些富有同情心且相互尊重的話題適時展開討論。
- **當孩子成為偏激行為的受害者時應全力關心和支持他們**：父母需正確對待孩子所面臨的困境，千萬不能漠不關心。主動關愛受傷的孩子並適時進行教育。
- **培養孩子團隊歸屬感**：孩子擁有團隊歸屬感十分重要。把握時機地提醒他們：為團隊驕傲不要高高在上，隊友間需要相互幫助，而不能自以為是地指責隊友。
- **家中物品陳列多樣化**：與孩子共同朗讀具有多元文化或者寬容心主題的優秀書籍；牆壁上懸掛書畫作品；電腦裡收藏各種相關網址；討論家中不同文化背景的藝術作品、音樂作品及文學作品的意義。假期給孩子選購一些具有多元文化背景的禮物，如布娃娃、玩具及電腦遊戲等。

- **創造機會讓孩子與各種性格的人打交道**：家長應擴大孩子的接觸面，讓孩子與形形色色的人打交道，如參加宗教活動，觀看來自不同種族、不同民族、不同家庭背景的兒童體育比賽，鼓勵孩子與老人（如爺爺、奶奶）共度時光等。
- **鼓勵孩子參與社區活動**：多鼓勵孩子參與社區活動，如讓孩子關心世界飢餓問題，並志願服務於當地的育幼院，這有助於提升兒童的認知：人類生存並非孤立無援的，而是同舟共濟、相互合作的。
- **實事求是地對待人世間的差別**：不要告訴孩子我們完全相同，因為我們是與眾不同的。我們生活中的不同經歷就是我們人生最珍貴的財富。
- **父母言傳身教，以身作則**：父母是孩子主要模仿的榜樣，孩子豁達寬容性格的形成與父母的為人處世密不可分。

小叮嚀

讓孩子明白每個人的心中都有一種寬容

願寬容，在過去，所有曾經毀謗、嫉妒、輕視、侮辱、欺騙，甚至傷害、戕害、殺害我的人！

也願寬容，在現在，所有正在毀謗、嫉妒、輕視、侮辱、欺騙，甚至傷害、戕害、殺害我的人！

更願寬容，在未來，所有將要毀謗、嫉妒、輕視、侮辱、欺騙，甚至傷害、戕害、殺害我的人！

願生生世世寬容，直到永遠。

講個「寬容之花拯救生命」的故事

以前常常跟我女兒說，寬容是滋潤久旱土地裡的一滴雨水，是絕望的沙漠中不遠處的一片綠洲，寬容是一種美德，更是一種生命的拯救。女兒為此也修得一顆寬容的心。

一天，女兒回來跟我說，「我以後再也不會對我們同學寬容了，因為我的寬容已經縱容了她，而我卻變得懦弱。我也不再相信什麼寬容的力量了，因為我感覺我的寬容換來的都是背後插刀，換來的是恩將仇報。」我見女兒似乎真的生氣了，而且還有埋怨我的情緒，所以我一直看著女兒、聽著女兒說。

「爸爸，你今天怎麼不說話了，你以前不是常常跟我說寬容很好嗎？」女兒生氣地說。

「你還是不夠寬容，因為你寬容的力量還沒有足夠挽救你同學的愚昧，我想等你的心平靜下來再跟你說，你想聽我再給你講一個故事嗎？」我拍著女兒的肩膀說。

女兒看著我點了點頭。

在 2005 年秋季的一天，有兩個失落的少年在加州的一個林場裡玩，他們搞惡作劇點燃了那片叢林，他們想像著消防員警們滅火時的慌亂和焦灼，得意不已。他們卻萬萬沒有想到，因為這一次火災，一名消防員警在撲救火災的時候不幸犧牲了。

這名消防員警才 22 歲，在全力以赴地履行自己的職責時，他被濃煙燻倒後燒死在叢林裡面。更讓人傷痛的是，這名消防員警早年喪父，是母親獨自將他撫養長大的。他的成長過程充滿艱辛，他常常對母親表示，成人後要好好回報她。而這正是他進入職場後的第一週，連第一次薪水都沒有領到就犧牲了。

在查明這是一起蓄意縱火案後，整座城市的人們頓時憤怒了，市長表示一定要將罪犯逮捕歸案，讓他們接受嚴厲的懲罰。員警開始四處追捕，那兩名被列入嫌疑人的少年的大頭照片也開始出現在城市的各個角落。

而這一切都不是這兩個少年最初想像的，他們只能驚恐地離開這座城市，四處流竄。聽著來自四面八方憤怒的聲音，他們陷入深深的悔恨、無奈和恐慌之中。

除了這兩個少年，媒體的目光更多地投放到那位員警的單身母親身上。但是當她說出第一句話時，所有的人都震驚了。她是這樣說的：「我很傷心地看到我的兒子離開了我，但是我現在只想對製造災難的兩個孩子說幾句話 —— 你們現在一定活得很糟糕，很可能生不如死。作為這個世界上最有資格譴責你們的我，我想說，請你們回家吧，家裡還有等待你們的父母。只要你們這樣做了，我會和上帝一道寬容你們……」

那一刻，全場的記者都無語了，沒人想到這位剛剛失去兒子的母親居然會說出這樣的話，他們以為等來的聲音會是哀傷，或是憤怒，沒想到竟然是寬恕！

而人們更沒想到的是，就在這位母親發表講話的一個小時後，在鄰城一個小鎮的一家旅館裡，兩名少年投案自首了。

兩名少年告訴員警，就在那位母親發表電視講話的當天下午，他們因為承受不了這巨大的社會壓力而購買了大量安眠藥，準備一起離開這個世界。但就在這時，他們從電視裡聽到了那位母親的聲音。他們頓時淚如雨下，而後他們將安眠藥丟到一邊，撥通了警察局的電話……

現在這兩名魯莽的少年已為人父，他們會時常帶著自己的孩子去看望那位可敬的母親，她已經是他們心靈上的另一位母親。

「寬容拯救的不僅僅是兩個孩子的生命、心靈，而且是被這位母親所感動的人們。寬容的力量就像澎湃的大海，匯聚了百川，原本它不過是一滴我們看似微不足道的水，但是正是因為它向著寬容奔流，所以它可以感天撼地，可以讓無數迷惘、困惑的心靈從大海的博大中走出。每一種力量的形成都是需要一種堅持、一種信念的，寬容也需要，如果你真的不相信寬容的力量了，你可以放棄它。」我裝作若無其事的樣子跟女兒說，因為我知道女兒此刻已經被這個故事感動了，她現在還難從寬容中走出來，所以故意擱她一下，定然她就會變得更堅定。

備選故事任你挑

或許你的孩子也跟我的女兒一樣，曾經埋怨過寬容一無是處，如果剛才的故事沒辦法讓孩子感動的話，那麼你可以用經濟學的方法來分析給孩子聽：多一些寬容，少一些爭吵；多一些寬容，少一些埋怨；多一些寬容，少一些猜疑；多一些寬容，少一些摩擦；多一些寬容，少一些憂愁；多一些寬容，少一些煩惱……孩子有那麼一點點心動了，那就再添油加醋地給他一點利潤：多一些寬容，多一份愛心；多一些寬容，多一份開心；多一些寬容，多一份信任；多一些寬容，多一片遼闊天空；多一些寬容，多一片燦爛的陽光！

給孩子建一間「禪房」，讓孩子修一顆「禪心」

我朋友說一次在法源寺遇到一位從臺灣遠道而來的母親，是想替孩子在法源寺找一間禪房讓孩子得以修身養性，那位母親說，她的兒子，聰明好學，熱情善良，讀書的事從來就不用她操心，但是她孩子的心胸過於狹窄，任何事情，都必須順著他自己的意思去做，包容不了別人，人際關係也很簡單，因為同學們也不喜歡他，就這樣久而久之，學業成績也慢慢下降了，嫉妒心變得很強。這位母親聽說法源寺有專門修身養性的禪房可以讓人心靜神怡，所以就慕名而來，於是她便去找了一位禪師。

禪師說：「你為什麼不自己給孩子建一間心靈的禪房呢？這樣也可以讓孩子修一顆『禪心』。」那位母親不解地看著禪師，於是禪師便從身上拿出來一疊紙，從中抽出了一張遞給了那位母親。紙條上寫著這樣三個故事：

有一天，一個強盜突然闖進禪院，向七里禪師搶劫：「快把錢拿出來，不然就要你的老命！」七里禪師指指木櫃說：「錢在抽屜裡，你自己拿吧，但請留下一點給我買食物。」

強盜得手後正要逃走，七里禪師卻把他叫住：「收了別人的東西應該說聲謝謝才對啊！」強盜轉頭隨便說了句「謝謝」便頭也不回地跑了。

後來，這個強盜被捕了，衙差把他帶到七里禪師面前：「他說曾搶劫過你的錢，是嗎？」七里禪師說：「他沒有向我搶，錢是我自願給他的，再說，他也謝過我了。」……

這個人服刑期滿之後，立刻來叩見七里禪師，真誠地懇求禪師收他為徒。七里禪師虛懷若谷的「寬容之心」使強盜那邪惡的心靈在瞬間得到了淨化，最終「放下屠刀，立地成佛」。

這是一位住在深山中簡陋的茅屋裡修行的禪師，有一天他散步歸來，發現自己的茅屋遭到小偷的光顧。當找不到任何財物的小偷失望地離開時，卻在門口遇見了禪師。禪師怕驚動小偷，一直站在門口等待，而且早就把自己的外衣脫下拿在手中。

小偷回頭看見禪師，正感到驚愕時，禪師卻寬容地說：「你走了遠遠的山路來探望我，我總不能讓你空手而歸呀！夜深天寒，你就帶上這件衣服走吧！」說完，把衣服披到了小偷的身上。小偷不知所措，慚愧地低著頭悄悄溜走了。

禪師看著小偷的背影漸漸消失在茫茫的夜幕深處，不禁慷慨地說：「唉，可憐的人，如此黑暗的夜晚，山路又是那樣的崎嶇難行，但願我能送給他一輪明月，在照亮他心靈的同時，也照亮他下山的路就好了。」

第二天，當禪師從松濤鳥語的喧鬧中醒來時，卻驚訝地發現他送給小偷的那件外衣，已整整齊齊地疊好放回到茅屋的門口。禪師的寬容最終使小偷良心發現，歸於正途。

有一天盤珪和尚正神情專注地向弟子弘揚佛法，下面的人群中突然爆發出一陣騷動……

「又抓到你偷錢了！」一名弟子抓住另一名弟子的手大叫，並把他拖到盤珪和尚的面前。

盤珪和尚問明情況後，寬容地說：「大家就原諒他吧！」「不行！他已經行竊很多次了，這次不能再原諒他了！」「如果不把他開除，我們就群體離開這裡！」眾弟子也附和著大嚷起來。

盤珪和尚繼續以寬容的口吻對眾弟子們說道：「你們都是他的師兄，都能分清是非曲直，但他卻連起碼的是非都分不清，如果我們大家都不幫他來明辨是非，那還有誰肯來幫助他呢？」盤珪和尚接著平和地說，「我要把他留在這裡，哪怕你們全都離開也是一樣。」

聽了師傅的話，那位偷竊的弟子突然撲通一聲跪倒在地，淚流滿面，他發誓洗心革面，痛改前非，並從此悟出了是非善惡。

禪師待那位母親看完之後，便說，這就是你需要給孩子建的一間心靈的禪房。那位母親連道了幾聲謝，便離開了。

多一份寬容，多一份釋然

女兒跟鄰居家的小范關係一直都很好，天天上學一起去，放學一起回家，這樣有個照應，我們兩家也不用再多為孩子擔心了。但是一天我回家比較早，發現小范比女兒先回來了，他們沒有一起回家。於是待女兒回來，我就問女兒:「怎麼沒有跟小范一起回來呢？小范還小，他爸媽都忙，你應該多關照一下他。你是姐姐。」

「以後別想我照顧他了，他心胸狹窄，還急功近利。」女兒表現出鄙視小范的表情來。

「怎麼了，小范怎麼會是這樣的人呢？」

「上週上學的時候，我們看到一位老奶奶突然在大街上暈倒了，於是我叫小范在原地看著老奶奶，我去叫人打急救電話，沒想到他碰到狗屎運了，剛好有人從那裡經過，把老奶奶送到醫院去了。於是他便受到了學校的表揚，而我跑了一大段路打了急救電話，卻兩手空空。他得了學校的表揚後就沾沾自喜，感覺好像高人一等一樣，我才不屑跟他那樣的人一起回家呢，感覺太丟臉了，我現在不要成為他的鄰居。」

「你還記得楊叔叔和你講的那個故事嗎？」女兒滿不在乎地搖搖頭。但是我還是和女兒講了這個故事，因為除了用故事，我不知道還有什麼方法可以勸導女兒。

我的一個朋友，這麼多年來一直生活在憤怒、沮喪、仇恨和痛苦之中。

其實只是一件很小的事情。我的這個朋友和他的同學一起大學畢業，一起去，一個公司試用。他們是無話不談的哥們兒，親如兄弟。

他們進入公司後一起拜訪了一位大客戶，幾乎談成一筆大生意，已經有了初步的意向，只等第二天簽合約。朋友和他的同學非常興奮，在宿舍裡喝酒慶祝。結果我的朋友酩酊大醉，一直睡到第二天清晨。醒來後，發現他的同學不見了。等去了公司才知道，他的同學竟趁他爛醉如泥的時候，提前簽成了那筆生意。當然，所有的功勞都成了他同學一個人的。

我的這個朋友找他那個同學算帳。對方辯解說，喝完酒，心裡不踏實，所以打算連夜將那個合約搞定。本想兩人一起去，可是叫了我的這個朋友半個小時，也沒有把他叫醒。我朋友當然不信，可是有什麼用呢？因為那筆大生意，朋友的同學升了職，並一直做到部門經理；而我的朋友，在很長一段時間裡，一直是公司裡的一個小業務員。

我的朋友只得接受了這個事實，繼續埋頭苦幹，一年後也升了職。可是他就是不能原諒那個同學。他和他那個同學徹底絕交，拒絕去一切有他那個同學的場合。他告訴我，只要看到那張臉，他就憤怒到幾乎無法控制，恨不得將那張臉砸扁。

他說，他什麼都可以寬容，但就是不能夠寬容卑鄙；他誰都可以原諒，就是不能夠原諒那個同學。

後來，我朋友的那個同學多次找到他，向他道歉。可是我的朋友對他同學的道歉總是置之不理。其實我的朋友也並不快樂，儘管他也升到了部門經理。可是同在一個公司，哪怕再小心翼翼，也難免會不期而遇。每到這時，我的朋友就會把頭扭向一邊，臉色鐵青。哪怕，一秒鐘前他還在捧腹大笑。

我朋友說他很難受。本來，犯錯的是他的同學，要受到心靈懲罰的也應該是那位同學。怎麼到最後，竟成了他自己？並且，一直持續了好幾年？

我告訴他:「因為你有了太多的恨。如果一個人對另一個人有了仇恨，那麼，你就會不快樂。」

「那我怎麼辦呢？」朋友說，「要我原諒他嗎？」

「為什麼不能呢？事實上，這幾年來，你一直在放大一種仇恨，而當一種仇恨在心中被無限放大，便變得根深蒂固起來。你想，心中被仇恨占滿了，快樂放在哪裡呢？原諒他曾經的過錯，其實對於你，也是一種解脫。」

雖然朋友對我的話抱著一種懷疑的態度，但他還是在第二天試著跟他的那個同學交流了一下。結果，多年的積怨一掃而光，他們再次成為了朋友。因為不必刻意迴避一個同事，所以我朋友的業務做得一帆風順，並再次升了職。

朋友說，也許我的話是正確的。因為他的那個同學，好像並不像他一直想像的那樣卑鄙。幾年前，也許的確是因為他喝多了，也許的確是因為他的同學年少無知，但不管怎樣，他決定原諒他。他說，他的目的並不高尚 —— 原諒了他，就等於解脫了自己。為什麼不呢？

是的。原諒了別人，就等於解脫了自己。為什麼不呢？

女兒聽了這個故事以後，不好意思地低頭回到了臥室，第二天小范又跟往常一樣和女兒一起上學、一起放學回家。

沒有豁達心胸的過失

我對於女兒的豁達教育已經夠多的了，可是都不見有什麼成效，但還是堅持著，一旦女兒因為鑽牛角尖煩惱的時候，我就和女兒講故事。一次女兒同學借走了她最喜歡的髮夾，然後跟她說不小心把髮夾給弄壞了，說賠給女兒，女兒一看是關係很好的同學就爽快地說算了。但是第二天，女兒卻發現同學的妹妹帶著她的那個髮夾，於是便準備跟同學絕交。因為這事，女兒一連幾天都悶悶不樂，看出女兒的不快以後，我便和女兒溝通，和她講了這樣一個故事：

早年在美國阿拉斯加，有一對年輕人結婚了，婚後生育，女人因難產而死，留下一個孩子。男人忙於生活，又忙於看家，因沒有人幫忙照顧孩子，就訓練了一隻狗。那狗聰明聽話，能照顧小孩，咬著奶瓶餵奶給孩子喝。

有一天，男人出門去了，讓他的狗照顧孩子。

男人到了別的鄉村，因遇大雪，當日不能回家。第二天男人趕回家中，狗聞聲立即出來迎接主人。當男人把房門打開一看，發現到處是血，抬頭一望，床上也是血，孩子不見了，狗的身上和嘴邊也是血。主人發現這種情形，以為是狗性發作，把孩子吃掉了，於是大怒之下，拿起刀來向狗頭一劈，把狗殺死了。

將狗殺死之後，男人忽然聽到孩子的聲音，並看見孩子從床下爬了出來，於是男人抱起孩子，他發現孩子身上雖然有血，但並未受傷。他很奇怪，不知究竟是怎麼一回事，再看看狗的身上、腿上的肉都快沒有了，旁邊還有一隻剛被咬死的狼，嘴裡還咬著狗的肉。原來是狗救了小主人，可是男人卻將牠錯殺了。

「凡事都應該先修一顆豁達的心，因為我們不可能一下子看清事情的真相，只有豁然才能開朗，所以凡事得先有一顆豁達的心，千萬不要像那位父親一樣。」女兒聽了我的話，便決定問問那個同學到底是怎麼回事。

第二天女兒回家說，「爸爸，你知道髮夾最後的結果是什麼嗎？」見到女兒這樣高興，我便知道，女兒已把問題給解決了，也跟同學和好了。「我同學今天一來就把髮夾給了我，說幫我買了一個新的，後來我說這分明是我的。然後她說她家很窮，而妹妹一直想要一個髮夾，所以她就向我借來給妹妹帶幾天，但又不好意思跟我說，於是便說髮夾丟了，同學知道我肯定不會要求她賠，所以才編了這樣一個美麗的謊言。最後我把髮夾送給了我同學的妹妹，她很感謝我。你果然說得沒有錯，凡事要先修一顆豁達的心。」

寬容是給自己減少傷害

鄰居家小范的脾氣一直很不好，心胸過於狹窄，哪怕是玩遊戲，輸了都要跟女兒生氣。於是一天我把小范叫到了跟前，和他講了這樣一個故事：

有一個男孩有著很壞的脾氣，於是他的父親就給了他一袋釘子，並且告訴他，每當他發脾氣的時候就釘一顆釘子在後院的圍籬上。

第一天，這個男孩釘下了 37 顆釘子。慢慢地，男孩釘下的釘子數越來越少了。

他發現控制自己的脾氣要比釘下那些釘子來得容易些。

終於有一天，這個男孩再不會因為失去耐性而亂發脾氣了。他告訴他的父親這件事時，父親告訴他，從現在開始每當他能控制自己的脾氣的時候，就拔出一顆釘子。

就這樣一天天過去了，最後男孩告訴他的父親，他終於把所有的釘子都拔出來了。

父親握著他的手來到後院說：你做得很好，我的好孩子。但是看看那些圍籬上的洞，這些圍籬將永遠不能恢復到從前那樣了。你生氣的時候說的話就像這些釘子釘過的圍籬一樣留下疤痕。如果你拿刀子捅別人一刀，不管你說了多少次對不起，那個傷口將永遠存在。話語的傷痛就像真實的傷痛一樣令人無法承受。

小范聽完故事以後問道：「叔叔，難道真的沒有辦法不製造傷口了嗎？」

「有呀，就是學會寬容，學會豁達，不輕易發脾氣，更不輕易跟別人鬧彆扭，這樣就不會有傷口，你看小男孩最後不是就沒有再給圍籬釘釘子了嗎？」

給家長的悄悄話

很多父母讀到這裡或許會發現，和孩子講故事也講了不少了，可是孩子的性格還是沒有優化多少。或許你會否定故事教育法，但你先別管，其實方法是對的，只是我們在講故事的時候，更要學會把故事搬到孩子的生活中，這樣孩子才會認可故事，學習故事。下面是一個很值得學習的故事：

有一天，在「兒童俱樂部」我突然看見一個滿臉歉意的女服務生正在安慰一個大約 4 歲的小孩，飽受驚嚇的小孩已經哭得筋疲力盡。問明原因之後，原來那天小孩特別多，這個女服務生一時疏忽，在兒童的網球課結束後少數了一個，於是將這個小孩留在了網球場上。

等她發現人數不對時，才趕快跑到網球場將那個小孩帶回來。小孩因為一個人在一個不熟悉的地方受到了驚嚇，哭得十分傷心。

不久，小孩的媽媽來了，看見了自己哭得慘兮兮的孩子。

如果你是這個媽媽，你會怎麼做呢？是痛罵那個女服務生一頓，還是向主管提出抗議，或是很生氣地帶走小孩，再也不來參加「兒童俱樂部」了？都不是！

我親眼看見那個媽媽蹲下來安慰自己 4 歲的孩子，並且很理性的告訴他：「已經沒事了，那個姐姐因為找不到你而非常緊張，並且十分難過，她不是故意的，現在你得親親那個姐姐的臉頰，安慰她一下。」

當時我看見那個四歲的小孩踮起腳尖，親了親蹲在他身旁的女服務生的臉頰，並且輕輕地告訴她：「不要害怕，已經沒事了。」

寬容的孩子就是這樣教育、培養出來的，所以我們不能一味地和孩子講故事，這樣就會陷入所謂的教條，所以我們在和孩子講故事後，更要懂得把故事運用到生活當中，用生活中真實的故事來感動孩子。最後我們還是到加油站去「加加油」吧。

親子加油站

怎麼培養孩子豁達寬容的性格？

1. 讓孩子消除自我中心意識，與人友好相處；
2. 讓孩子除去報復心理，學會換位思考；
3. 讓孩子掌握寬容的標準；
4. 讓孩子勇於承認錯誤，拋棄積怨；
5. 讓孩子不苛求別人，不斤斤計較小事；
6. 做孩子的榜樣，讓孩子學會感謝、感恩。

你的孩子其實不壞：

讀故事，一起把壞性格魔王打敗！

編　　著：陳盈如，陳添富
發 行 人：黃振庭
出 版 者：崧燁文化事業有限公司
發 行 者：崧燁文化事業有限公司
E-mail：sonbookservice@gmail.com
粉 絲 頁：https://www.facebook.com/sonbookss/
網　　址：https://sonbook.net/
地　　址：台北市中正區重慶南路一段六十一號八樓 815 室
Rm. 815, 8F., No.61, Sec. 1, Chongqing S. Rd., Zhongzheng Dist., Taipei City 100, Taiwan
電　　話：(02)2370-3310
傳　　真：(02)2388-1990
印　　刷：京峯彩色印刷有限公司(京峰數位)
律師顧問：廣華律師事務所 張珮琦律師

定　　價：350 元
發行日期：2023 年 02 月第一版
◎本書以 POD 印製

國家圖書館出版品預行編目資料

你的孩子其實不壞：讀故事，一起把壞性格魔王打敗！ / 陳盈如，陳添富編著 . -- 第一版 . -- 臺北市：崧燁文化事業有限公司 , 2023.02
面；　公分
POD 版
ISBN 978-626-357-011-5(平裝)
1.CST: 親職教育 2.CST: 兒童教育 3.CST: 性格
528.2　　111020717

電子書購買

臉書